甘露清淨

《大智度論》的故事1

鳩摩羅什 原典漢
芳川 語譯修

《大智度論》是《大論》與《智論》的簡稱
論中引經籍甚多，
保存了大量當時流傳於北印度的民間故事和傳說，
為研究大乘佛教和古印度文化的重要資料。

目次

前言

譬如諸位一聽到：《形而上學》、《神學大全》、《方法序說》、《純理性批判》等書名時，也許很多人馬上能夠想到該書的作者或出版年代，甚至也知道書的內容。惟獨提到《大智度論》時，縱使能夠從書名裡略知那是佛教的著作，但真正的內容在討論什麼，恐怕就無從知曉了。

《大智度論》是《大論》與《智論》的簡稱，中國從北周時代起，就有註釋的典籍在流通，尤其隋、唐時代最多，在日本首推奈良時代，和江戶時代閱讀最普遍。這是《四論》之一，相當有名氣。其間，跟天台有關的學者，最習慣引用這本書。另外，它的原名叫做 *Mahāprajñā=pāramitāśāstra*。

《大智度論》通常簡稱《大論》，係《摩訶般若波羅蜜經》的註釋書。作者龍樹菩薩（大約一五〇—二五〇年），譯者是鳩摩羅什（三四四—四一三年），譯書地點在長安逍遙園的百門閣，時代約在姚泰弘始四年（四〇二年）四月廿三日。他譯完《大品》後才動手翻譯，直到弘始七年（四〇五年）十二月廿七日完成，其間，他還翻譯《十誦律》、《百論》、《佛藏經》、《雜譬喻經》等大小本佛經。

關於本書的作者，各方面有不同的看法。其中最極端的，甚至懷疑本書很可能是鳩摩羅什所杜撰的。因爲這本書既無梵文本，也無藏文本，僅有一本漢譯而已。而且，在其他諸多梵文書或藏文書裡，也根本沒有提到這本書。根據譯序與後記，竟發現有鳩摩羅什任意的節譯。從各種說法裡，日本干瀉龍祥博士把它分成三類，各類都舉例說明。

A．根本不是龍樹所說。

一、顯然不是龍樹的話，而是譯者鳩摩羅什的話。

二、雖然不到「明確」的地步，也「恐怕」不是龍樹所說，而是鳩摩羅什的話。

B．（跟A相反）必然是龍樹所說無疑，有明確的特色，除龍樹以外，至少不以爲在印度以外的地方，有像鳩摩羅什的人會說這種話。

C．既不是A也沒有B的特色存在，換句話說，每一種都沒有明確的特色，只好人云亦云回到鳩摩羅什身上了。

最後，干瀉龍祥的結論是：「A部份是散見各處，但總共的文章份量倒不見得很多。C部份是人云亦云回到鳩摩羅什身上，即使今後有些變動，仍然有相當份量。B類主張龍樹所説無疑，而且不以爲是龍樹以外的人所寫，結果是，《大智度論》大體上爲龍樹的作品，在漢譯的情況，卻有些是鳩摩羅什個人補充潤筆的部份。」筆者個人完全同意這個觀點，而且以它爲馬首是瞻。

關於龍樹與鳩摩羅什部份，不妨稍作説明。

龍樹是一位大辯論師，以印度的大乘佛教爲基礎，主要著作有：《中論》、《迴諍論》、《六十頌如理論》、《十住毗婆沙論》、《寶行王正論》等，後世佛教幾乎都受到他的影響，所以，尊稱他爲「八宗之祖」。

鳩摩名叫羅什，頗有名氣，出生龜兹國，少年和青年時代，他在喀什米爾研究佛教及其他學問，回國時，他的聲望已從西域一帶傳到中國，雖然，他被邀請至中國，卻因戰亂頻仍，而在涼州住了十多年，才好不容易被後秦的姚興接去，在弘始三年底，才前往長安，前後在長安住了十二年，他翻譯了大約四十部三百卷佛經，也培訓一批弟子，在中國建立了佛教昌隆的基礎。而且，他的譯筆流利洗練，著名的《法華經》、《維摩詰經》、《金剛經》

等，雖然也有別人經手的漢譯，但只有他一人的譯筆最受歡迎，直到現在依然如此。

雖然，有人表示《大智度論》是鳩摩氏的節譯，原因是這樣的。現存的本論共計一百卷，龐然大物也。其中，有卅四卷係《大品》的初品註釋，譬如《大品》跟所有的經典一樣，都用「如是我聞」開始，那麼，「如是」到底指些什麼？首先分成七項來詳述，至於説到「我」，佛教豈非主張「無我」嗎？在相反論調方面也有詳細的答覆，這種做法是，一字一句都列出幾項來説明。誠如上述，光是初品就要用卅四卷。如果採用這種做法《大品》九十品全部論完時，恐怕很不簡單。於是，鳩摩就在第二品以下，憑「秦人好簡故」的理由來節譯，才將第二品——第九十品收到餘下六十六卷裡，共計一百卷。在本論序文裡有「三分除二」這句話，但在後記裡説：「若盡出之，將十倍於此。」依照這個算法做下去，恐怕會多達三百卷，甚至一千卷，到底是那一種呢？因爲數目相差很大，就不免啓人疑竇了。爲了提供參考起見，所謂卷的意思，係裝訂中國書籍的數字，而且，裝訂情況也各不相同。譬如上面記載《大品》廿七卷，但在另外編輯方面，則有卅卷，甚至別的編輯多達四十卷。在《大智度論》一百卷裡，也包括《大品》本文的翻譯，因有「經」、「論」之別，倘若《大品》的數量爲廿七卷，那麼，《大智度論》的實際數量就只有七十三卷了。

通常，佛經總稱經、律、論等三藏，其中論（藏）是經（藏）的註解文獻。龍樹所寫的書，全是論藏，由此可見，在其他諸論裡，他的著作幾乎全是如此，始終都是艱深的論理與交談。在龍樹的著作裡，尤其以《中論》最出名，它把大乘佛教「空」的思想，完全用論理的、哲學的文脈建立起來。但是，只有《大智度論》跟龍樹的其他論著，以及其他論師的論著不同，因爲文學部份相當顯著。當然，並非全部如此，但中間插入不少文學故事，從這些具體實例，來說明艱深的概念與實踐德目等。本來《中論》很強調「空」的思想，「破邪」方面很明顯，反之，《大智度論》卻在敘述「真空妙有」。其實「真空妙有」這句術語，卻是後代人任意加進去，它根本不曾出現在《大智度論》裡。或者，也有人表示《大智度論》等於當時佛教思想的百科全書。原因是，本書裡除了上述那些文學性敘述以外，也有極多部份引自經典，也引用諸說。

以前，我比較熟悉原始佛教經典裡的「說話」或「故事」，關於大乘佛教方面，除了若干經與律以外，所知有限，所以，我想在此以《大智度論》為資料，挑選「故事」那一類。原則上，我依據下面的標準。

一、根據《大正新脩大藏經》第廿五卷所收集的材料，除了二～三行短篇的東西，我都做某種程度的摘要。

二、根據漢文採用相當自由的口語翻譯，不省略任何語句。

三、省去煩雜的對照字句。

四、漢字的地名與人名等個別詞語仍然照用。

修訂版編案：所有人名、地名，原譯舛誤處，全依鳩摩羅什漢譯、妙蓮法師標校之《大智度論》（圓明出版社出版）訂正，除非必要，而以夾註輔讀外，其餘不另作說明。

佛的誕生、成道、初轉法輪

菩薩出生時，放出大光明，遍照十方，走路七步，環顧四方，開始說話，道出以下的偈語。

「我在娘胎的期限到此為止。現在出生，這個肉體是最後一次身體，再也不會有第二次了。我已經得到解脫。我一定要渡救眾生（讓他們解脫到彼岸）。」

這是菩薩的誓願。之後，菩薩的身體逐漸成長，總想離開親人，出家修行無上之道。有一天深夜，他起身看見旁邊幾位玩伴——后妃和宮女，好像一副腐爛屍體般的樣子，這才更加強他的決心。於是，他立刻命令車匿：把鞍鞭放在白馬上，趁著深夜無人時出城了。他走了十二由旬（一由旬等於一天行程，據說有四十里，也有人說卅六里，或十六里），抵達跋伽婆仙人居住的山林裡，用刀剃光頭髮，脫下華麗的寶衣，改穿比丘們穿的粗布僧伽梨。他在尼連禪河岸上，苦行六年，一天僅吃一粒芝麻或米穀等。不久，他心想：「這不是正確的途徑。」於是，他放棄苦行，走到菩提樹下，進入絕對安寂的禪坐。不料，魔王立刻率領十八億萬的徒衆，前來襲擊菩薩。幸好，菩薩靠著智慧的功德力量，才讓魔衆投降。這時，總算獲得了無上珍貴的正覺。所有世界的主人——梵天王，名叫式棄，和物質界的諸天，以及諸天之王——帝釋天，欲望界的諸天和四天王等，全都聚集前來佛的身邊參訪，勸請世尊出來初轉法輪（最初說法）。因為早從做菩薩時期起，他就懷有這種誓願，和大慈大悲，所以，世尊才答應他們的請求，開始說法渡衆。（卷一、《大正藏》五八頁上段）

佛的不可思議

有人心想：「佛也跟普通人一樣有生死問題，實際上也曾經驗過飢、渴、寒、熱、老，和病等苦惱。」

佛有意消除這些人的想法，才開示：《摩訶般若波羅蜜經》裡的一段話：「我的身體是不可思議。梵天王、諸天和祖先們，歷經像恆河的泥沙那樣無限漫長時間，極想要了解我的身體，打聽我的聲音，結果一直探測不到。當然，也更談不上知道我的智慧三昧了（深不可測）。」（卷一、《大正藏》五八頁下段）

從佛的誕生到成道

我出生落地時，在地面行走七步，口裡會自動說話。但一說完話，我沈默下來。以後，我就跟一般嬰兒一樣，既不會走路，也不會說話，需要哺奶三年。在諸位奶媽的養育下，我才逐漸成長起來。本來，佛的身體無法計量，超越一般人世，但是，爲了衆生，才開始示現人形，跟凡人一模一樣。凡人出生時，因爲身體，各個器官和意識都尚未完成，所以，身體的樣子，不論坐、臥、行、止，說話或沈默等人類的各種情狀，都尚未齊備，經過許多年歲，不斷地成長學習，才好不容易具有人的姿態。那麼，大家認爲不可思議的是，佛本來一出生會講話，會走路，以後怎麼什麼也不會，跟凡人一模一樣呢？原因是，佛用方便的力量，才會變成跟普通人一樣，連身體也是如此，無非想讓衆生相信深妙的佛法罷了。

如果菩薩（佛）生下來，馬上會走路，說話，世人一定會這樣想：「眼前這個人，真是世上未曾有過的。他一定是天、龍或鬼神。他所學的法，我們根本不可能學到。因爲我們的身體有生死，被煩惱的業綁住，無法自由。像他說的那些深妙的法，誰也不可及。」這樣一來，大家一定不肯修行，也無法體會可貴的妙法了。因爲顧慮到大家的想法，佛出生在嵐毗尼園時，立刻來到菩提樹下，本有成佛的可能（反而沒有）。但，佛運用方便之力，示現由嬰兒、幼年、少年和成人應有的各個階段和表現，學習各種技藝和家事，有五欲（五官欲望），跟凡人一樣，必須得到滿足。之後，他看見老、病、死的苦惱，忍不住湧起厭倦心，才在深夜出城去出家。他到達欝特伽和阿羅羅仙人的地方，拜他們爲師，但卻不曾實踐他們的教法。

本來，他常常以不可思議的神通，自己會思索命運；早在以前迦葉時代，他就已經守戒行道（當然，即刻成佛了），但現在反而認真修苦行，求道六年，一切示現人間。雖然，菩薩是一切世界的主人，但，他卻打敗惡魔的軍隊，顯現自己確實完成無上之道。爲了遵行一般世間法，他才實際示現以上的各種變化。（卷一、《大正藏》五九頁上段）

佛的大乘預言

佛告訴阿難說：「我入滅以後，這部《摩訶般若波羅蜜》一定會傳到南方，再從南方傳到西方，待五百年之後，一定會傳到北方去。其間，會有許多相信法的善男善女，拿著各種華香、瓔珞、幢幡、藝樂、燈明、珍寶和財物來供養。他們會靠自己寫，或叫別人寫，誦讀或聽法，心裡正確地思索、修行，用法來供養。大家藉這個因緣，生前享受世間的各種樂趣，之後會得到三乘（聲聞、緣覺、菩薩），才進入不能復生的涅槃。」（卷一、《大正藏》五九頁中段）

藥物與佛法

感冒時，像熱烘烘的膩（香料植物）、酸、鹹的藥草，或飲食等都可以當做藥物，其他病就没有藥了。發燒時，可以服用微溫的甜、苦、澀味的藥草或飲食，其他病没有藥了。發冷時，可以服用稍微辣、苦、熱的藥草或飲食，其他病也没有藥了。佛法裡，治療心病——貪、瞋、癡時，也能採用上面的說法嗎？那就是：

一、不淨觀是醫治貪欲這種病況的好方法，但它不是醫治瞋恚病的妙方。原因是，觀察身體有那些缺陷，叫做不淨觀。倘若瞋恚的人觀察自己的缺陷，只會增强瞋恚的火勢。

二、治療瞋恚的病，最好用慈愛的心。但它治療貪欲病没有效。因爲慈愛心是，看見衆生喜歡什麼，就給予什麼，成就功德。倘若對付貪欲的人如此，只會徒增他們的貪欲而已，絲毫没有治療的功效。

三、因緣觀是醫治愚癡症的妙方，但對於貪欲，瞋恚病的治療無效。原

因是，早有錯誤的觀點、依據這種因緣、必會產生邪見，無法除去邪見，即是愚癡。（卷一、《大正藏》六〇頁，上、中段）

長爪梵志

根據《舍利弗本末經》的記載：

舍利弗的舅舅叫做摩訶俱絺羅（長爪梵志），他跟姊姊舍利辯論時，從來没有贏過她。於是，俱絺羅心想：「這不是姊姊的本事，一定是她身上懷著一個智慧卓越的兒子，把話從母親口裡說出來。他尚未出生，就有這種本事，倘若他將來出生長大的話，我不知該怎樣才能贏過他哩？」

一想到這裡，俱絺羅心裡出現傲慢和自滿了，爲了躲開跟自己的姊姊辯論，他出家做梵志（學習聖行的單身修行者）了。俱絺羅到南印度，先讀經書。大家問他：「你希望學什麼經呢？」長爪總是這樣回答：「我希望讀完所有十八種大經（即婆羅門教所傳經典《吠陀》）。」大家說：「你一輩子也不可能精通其中任何一部經。」長爪心想：「以前，我傲慢自滿，竟被姊姊贏了，現在又被這羣人瞧不起，真是好難爲情。」他遭受這兩次打擊以後，忍不住發誓：「我以後不剪指甲了，我一定要把十八種經書讀完。」結果，大家看見他的指甲愈來愈長，才乾脆叫他長爪梵志。

他從各類經書裡，果然得到智慧的力量，對於各類問題，他都能理解或批判它的教理是否正確？是否妥善？是否實在？有無內涵？他也能駁倒對方的議論，他在這方面的本事實在非同小可，彷佛一隻大力的瘋象，能夠踐踏一切，來勢洶洶，誰也阻擋不了的樣子。於是，長爪梵志就用這辯論能力，頓挫許多辯論師的銳氣，迫使他們舉手稱臣，心服口服。

然後他回到故鄉，摩伽陀國王舍城那羅村向人打聽：「我姊姊那個兒子現在那裡呢？」對方答說：「令姊的兒子從生下來到八歲，就能飽讀一切經書，消化所有的內容。十六歲時，跟人辯論，所向無敵。釋迦族有一位成道者叫做瞿曇，現在他成了瞿曇的弟子。」長爪一聽，起了傲慢的念頭，心裡不相信。「我姊姊的兒子果真這樣聰明嗎？既然如此，那個叫做瞿曇的人到底有什麼本事，能夠誘惑他，讓他剃了頭，收他爲門下呢？」他向對方表示自己的懷疑之後，即刻來到佛住的地方。

這時，舍利弗剛剛受完戒半個月，站在佛的身邊，不停地向佛搖扇扇風。長爪梵志看見佛，皺起眉頭問訊，然後坐在一邊，他心裡暗想：「他能駁倒一切辯論，也能擊破各個觀點，推翻一切根據。其中有什麼諸法實相？最主要的意義是什麼？不論他有什麼性？說什麼相，難道都能不錯亂嗎？由此看來，它像大海底下一望無際，引人長期尋求，當做一種法來說，可以真正讓人接受而又找不到。他到底用什麼論點說服我姊姊的兒子呢？」

一想到此，他向佛說：

「瞿曇呵！我可不接受你那套法。」

佛向長爪：「你說什麼法都難以接受，那麼，這種法本身能不能接受呢？」佛再强調這個意思。「你已經喝下邪見的毒汁了，現在要把毒汁排出來，才能接受所有的法。你說不能接受的想法，到底能不能接受呢？」

此時，長爪梵志就像良馬一看到鞭影一樣，立刻省悟自己的錯誤而走上正途，佛的話成了鞭影打到自身，痛徹心肺，傲慢自滿的念頭馬上消失，他很難爲情的低著頭。心裡暗想：

「佛讓我陷入進退兩難的困境裡。如果我說，自己能夠接受這個想法時，因爲能夠喜歡這種兩難的困境，才會告訴衆生（自己說不能接受任何法，現在竟能接受剛才的想法，到底怎麼回事呢？）那麼，我現在會變成虛僞。所以會喜歡這種兩難，因爲衆生會識破。至於選擇兩難困境的第二項，係因爲量小才會這樣。結果，衆生就不明白其中的道理了。」

一想到此，他就回答佛說：

「瞿曇呵！我不能接受一切法。這種觀點本身也難以接受。」

佛告訴梵志：「你說不接受一切的法，連這種觀點本身也不接受。既然如此，那麼，你等於什麼也不能接受，這樣跟一般凡夫無異。那麼你憑什麼能夠傲慢和自滿呢？」

長爪梵志答不出話來，自知已經陷入無法收拾的兩難裡了。於是，他立刻對佛的一切智湧起恭敬與信仰心，心裡尋思：「我已經進退兩難了。但是，世尊並沒有指出我輸了，也不說我的不是。他心裡根本不在乎這種事。佛的心腸柔和，首屈一指的清淨。一切語言和辯論都是多餘，他真正獲得了深妙的法。這才是值得恭敬，內心的清淨也是獨一無二。佛所以要說法，無非是要消除衆生的邪見。」

結果，長爪梵志馬上在坐位上，捨棄內心的塵垢，獲得諸法方面的法眼淨了。此時，舍利弗聽到佛和長爪的問答，也證得阿羅漢果了。長爪梵志從

此出家做沙門，以後也證得大力阿羅漢的果位。（卷一、《大正藏》六一頁中段——六二頁上段）

信心如手

佛經上說：「信心如手。」人有手，才能入寶山，自由挖取寶物。同樣地，如果有信心，才能進入佛法那座完美的寶山，而悟道、禪定等各得其宜。

缺乏信心，無異沒有雙手。如果無手，進入寶山裡，也拿不到東西。同樣地，缺乏信心，既使進入佛法的寶山，也會毫無收穫。（卷一、《大正藏》六三頁上段）

佛的初轉法輪

梵天王請求佛出來初轉法輪（最初說法），他做偈語向佛央求：

「閻浮提一直出現許多不淨法。

祈願佛打開甘露門，說出清淨法。」

佛也做偈語答說：

「雖然，我說出來的法能夠消滅各種煩惱，和許多欲望界、物質界和超物質界的愛著心。可惜，世上衆生不能理解它。」

梵天王稟告佛說：「尊者呵！世人的智慧有上、中、下的等級。那些感受敏銳，心地純潔的人，容易到達理想的境地。但這些人如果聽不到法，會陷入諸多邪惡與困難裡。這就像水裡蓮華即使有成熟的生命，但在水裏尚未出來以前，如果得不到陽光照射，也照樣不能開花。佛應該想到這種例子，大發慈悲，體恤衆生，爲衆生說法才對。」

佛領悟過去、未來和現在三世的諸佛之法，都爲了救渡衆生才說法。我也應當這樣才對。於是，佛答應梵天王等諸王的央求，決心要說法了。並且用偈語回答：

「我現在要打開甘露門。凡是相信的人都會得到歡喜。我要在芸芸衆生裡，開始說深妙大法。這倒不是爲了折磨別人才要說法。」（卷一、《大正藏》六三頁上、中段）

俱迦離

提婆達的大弟子俱迦離等人，因爲不信佛法，才會墮入惡道裏。這些人不信佛法，意圖靠自己的智慧去找尋，結果都失望了。原因是，佛法深奧難測。

梵天王作偈教導俱迦離說：

「你雖然想要探測無量的法，然而智者的智慧那裡能較易度量？即使有意探測無量的法，像你這樣傲慢的人，只會自己墮落。」（卷一、《大正藏》六三頁中段）

佛的最後說法（「如是我聞」的由來）

佛入滅時，正在俱夷那竭國的薩羅雙樹間，將頭朝北躺下，徐徐入滅。此時，因爲阿難尚未除去親戚的感情，也尚未脫離欲望，憂心忡忡，不能自拔。阿泥盧豆長老忍不住對阿難說：「你是看守法藏的人，不能像凡人那樣憂傷過度。凡是製造出來的東西，都會呈無常相。你不要悲哀。何況，佛直接把法傳給你了。如果你悲哀太甚，會失去佛傳給你的法。不論如何，你一定要問佛：『佛入滅後，我們要走那條路呢？應該以誰爲師呢？怎樣跟口無遮攔的庫匿（註一）一塊兒生活呢？佛經裡開頭要放什麼話呢？』關於以後的許多問題，你非問佛不可。」

阿難聽了，才稍微收斂一下內心的哀傷，冷靜地考慮道力的協助。他站在佛臨終的床邊，向佛問了上述的問題。

佛告訴阿難說：「不論我生前滅後，都只有依靠自己、依靠法，以外沒有什麼可以依靠。那麼，修行者要怎樣依靠自己、依靠法，而不依靠其他東西呢？那是指修行者將來要好好認清自己，專心一意，磨練智慧，篤實修行、精進，盡力除去世間的貪婪與煩惱。在內外身體方面也要跟上述情況一樣（身念處）。受念處、心念處、法念處（註二）也要如此。意思是，修行者要仰賴自己、仰賴法、不要仰賴其他東西。」

「從今日起，《解脫戒經》即是偉大教師。誠如《解脫戒經》所說，身體的實踐，口說的表現，都要依照經上的話付諸行動。」

「我入滅以後，你們要勸車匿比丘依據梵法（聖法）。倘若他心存感激而接受的話，就教他《刪陀迦旃延經》，大概就能很快得道了。」

「其次，經過無限漫長的期間，我有搜集好的法庫。法庫一開始，應該說：『如是我聞，一時佛在某方、某國、某處樹林中。』因爲過去諸佛的經典，一開頭都是這樣唸唱，未來諸佛的經典，一開頭也會這樣唸唱，現在諸佛從臨終到入滅時，也要這樣唸唱。現在，我入滅（入涅槃）以後，經典的開頭，一定要唸唱『如是我聞，一時』。」（卷二、《大正藏》六六頁中段——六七頁上段）

註一：庫匿（chanda）出生釋迦族的奴隸，在佛最先回城時開始出家。他不但傲慢，也常常輕蔑其他修行者，對人口無擇言。佛入滅時，他被處以梵檀罪。後來，他也發憤修行，以至悟道。（以上根據《長老偈》六九的註解）。拉莫特教授把此字解作普通名詞「chandaka 係指導員」，藉此分別車匿與罵人的用意。

註三：身念處是放在身體，受念處是放在受，心念處是放在心，法念處是放在法，合稱四念處，三十七種重要實踐之一。

三藏結集(一)

爲了想要讓佛法長久留在人間，摩訶迦葉長老等諸大阿羅漢拜訪阿難說：「佛最先在那兒說法呢？怎樣說法呢？」

阿難答說：

「如是我聞，有一次，佛在波羅柰國仙人居住的鹿野苑。當時，佛爲五位比丘說苦聖諦（即四聖諦），以前，我不曾從別人口裡聽到這些。從佛說的法裡，我心裡認真思考，才得知要怎樣睜開眼睛，獲得智慧，與明確的覺悟。」（卷二、《大正藏》六七頁上段）

三藏結集(二)

根據《集法經》上的敘述如下：

佛入滅時，大地有六種震動，許多河水逆流而上，猝然吹起疾風，四方湧起黑雲，突然響起恐怖的雷電，大雨傾盆，到處流星，獅子與恐怖的野獸發出吼叫，諸天與衆生全都大聲哭叫。諸天、人等都說：「佛入滅得太快了。關注世間的眼睛消失了。」當此之時，一切草木、藥樹，花、葉等都曾一度裂開，諸山之王——須彌山也整座傾斜和動搖，海水也在波濤洶湧，大地震動很厲害，山崖裂崩，許多大樹倒折，四處生煙，恐怖悽厲，貯水池和河川的水都呈現汙濁，白天出現彗星。許多人大聲哭泣，諸天憂愁萬分，諸天女也都失魂掉淚，嗚咽悲泣，一羣正在學道的人們，悶悶不樂，許多不想求學的人，卻耿耿於懷：「所有形成的諸法都是無常的。」這樣一來，天、人、夜叉、羅刹、犍闥婆、甄陀羅、摩睺羅伽，以及龍等，無不憂心如焚。

諸位阿羅漢雖然已經渡過老、病、死等苦海(到達彼岸)，但心裡仍在掛念：

「我們已經渡過凡夫懷抱的恩愛之河，那些老、病、死，倦怠已經毀棄。

但一看到身體時，箱裡仍然潛伏四隻大蛇。現在正是進入完全涅槃的時候。」

一羣大阿羅漢紛紛照自己的想法，投身到各地山林、流泉和溪谷等處入滅。另外，又有一羣阿羅漢像雁王般地躍身到空中飛行，展現各種神通，待許多人的心真正清淨以後才入滅。從六欲天到遍淨天等，目睹那羣阿羅漢入滅的情狀，也都各自尋思：「佛這個太陽已經沈下，連各種禪定、解脫、智慧方面的傑出弟子們的光亮也消失了。另一方面，世上的芸芸衆生，難免都懷有各種淫、怒、癡等病症，而懂得這些藥物的法師們，現在也都入滅了。誰能夠醫治他們的病呢？蓮華是生長在無量智慧這個大海上的弟子，現在水已乾涸，法樹摧折，法雲渙散滅逝。智慧卓越的衆王（佛）已經不在人世，衆子（佛弟子）也跟著他去。施法的商人也走了。以後要靠誰來求法呢？」

他們作偈語說：

「佛已經長眠入滅了。一輩沒有煩惱的人也走了。世界這樣空虛和無智，而且，無知愚昧之徒愈來愈多，智慧的燈火熄滅了。」

此時，諸天向摩訶迦葉的腳禮拜，並作偈語說：

「長老呵！你已經除掉欲望，憤怒和傲慢了，這個姿勢彷佛紫金柱一樣。

從上到下端莊嚴謹，其妙無可倫比。眼睛明亮純潔，美貌像一朵蓮花。」

在一陣讚嘆之後，諸天才稟告大迦葉（摩訶迦葉）：「迦葉尊者呵！難道您不知道嗎？法船已經破壞，法城已經崩倒，法海枯乾，法旗倒下，法燈熄滅了。說法的人走了，行道的人漸漸少了，壞人的力量逐漸囂張起來。不論如何，您得大發慈悲、恢復佛法才對。」

此時，大迦葉的心不動搖，像寧靜的大海一樣。片刻後，他才答說：「諸位說得很對。情況正是這樣。世間很快會失去智慧，黑暗得看不見東西。」

接著，大迦葉默默接受了諸天的央求。諸天也向大迦葉的腳下作拜，而後忽然失去蹤影，自動返回原處。

此時，大迦葉心裡暗忖：「既使我經過無限漫長的日子，也不知要如何將實在難得的佛法，長久留在人間。

經過一番思慮的結果，他說：「我總算明白了怎樣才可能將佛法長久留存在人間，不論如何得將這些法，用修多羅姤路（經、別譯修多羅）、阿毗曇（論）、毗尼（律）等方式結集起來，做好三個法藏。若能這樣，佛法才能長久留存，將來世人也能受持實踐。原因是，佛歷經多年的努力，體恤衆生，修習以上的法，到處爲衆生說法。我們也必須受持和宏揚佛的教誨，在世上大力推展和宣傳才對。」

大迦葉說完後，立刻前往須彌山頂上，打銅板作偈說：

「佛的諸位弟子呵！如果你們心裡念到佛的話，就一定要報答佛恩，不能入滅啊！」

銅板聲和大迦葉的偈語聲，傳到各處，讓人人都聽見。那羣得到神通的弟子們，也全都來到大迦葉身邊集合了。

這時候，大迦葉向一羣佛弟子宣佈：「佛法好像要滅亡了。佛歷經無限漫長的時間，做過各種努力，憐憫衆生，才領悟這些妙法。現在佛已經入滅了。許多弟子們，包括知曉法、受持法、念唱法者，也都跟隨佛入滅了。佛法在此時就像要滅亡的樣子。將來的衆生實在可憐，他們因失去智慧的眼睛，而變得愚昧，猶如瞎了眼睛，眼前一片黑暗。佛大慈大悲、憐憫衆生。不論如何，我們都得受持佛的教諭。我們在這兒必須把經藏結集完畢，之後，再請諸位自行入滅。」那羣趕來聚集的弟子們，全都聽從迦葉的訓話。

此時，大迦葉從中選拔一千人，除了阿難以外，他們全是阿羅漢，不僅得到六種神通，也獲有共解脫，和無礙解脫等最高的解脫。他們全都得到三種智慧，禪定方面也很自由自在，不論那種順序，都能進行許多三昧，沒有障礙，不僅通曉經、律、論等三藏，懂得佛教內外方面的經書，也熟讀許多《吠陀》經典，他們全都能言善道，可以駁倒旁門邪見之學。

只選拔一千人的理由——

頻婆娑羅王不僅自己證了道，連八萬四千位屬官也都證了各種佛道。此時，國王向宮裡頒佈詔勅，準備經常布施飲食，供養千人。他的兒子阿闍世王也不曾斷絕這套法律。這時，大迦葉心想：「倘若我們常常出外行乞，外道們一定會莫名其妙地蜂擁前來，百般責問，阻止我們的法事，現在，王舍城裡經常布施一千人的飲食。我們何不留在那裡結集經藏呢？」基於這個理由，他才會只挑選一千人，如果人再多的話，供養就有困難了。

此時，大迦葉率領一千位阿羅漢們，一起到了王舍城的耆闍崛山中，稟告阿闍世王：「請您每天提供飲食給我們，現在，我們除了想要結集經藏，以外也不能做什麼。」

於是，他們進行三個月夏安居（印度每年夏季雨期長達三個月之久，此間比丘禁止外出遊方，而聚居一處以致力修行）。起初十五天，相當於說戒，聚集整個教團的成員。大迦葉進入禪定，運用天眼通的神通，仔細觀察在坐一千人裡，有誰尚未斷盡煩惱，必須要把他趕出教團，結果發現阿難一人尚未斷盡煩惱，其餘九百九十九人全都斷盡各種煩惱，清淨無垢了。大迦葉自禪定起立，從團隊裏把阿難拉出來，說道：「現在聚集許多清淨之士，打算結集經藏。只有你尚未斷除煩惱，不能讓你留在這兒。」

阿難一聽非常羞愧，忍不住悲從中來，失聲哭泣，他心想：「我服侍世尊長達廿五年，一直伺候在世尊身邊，也都未曾嚐過這樣苦惱。佛的確令人尊敬，居然很慈悲地諒解我。」

他一想到這裡，忍不住告訴大迦葉：「我有充份的能力可以得道。但依許多佛法說，一旦證得阿羅漢果後，就不能服侍世尊。因此，我才留下一些煩惱，不曾全部斷盡。」

大迦葉說：「你更是罪上加罪。依佛的看法，本來不允許女人出家。你特地向佛央求，佛聽你的話，才沒有成道。結果，使佛的正法在五百年後衰微下來，你犯了突吉羅罪（戒律之罪名，《四分律》分之為身口二業，即惡作、惡說）。」阿難說：「那是因爲我憐憫瞿曇彌（即喬答摩，佛陀的姨母）的緣故，而且，過去、未來和現在三世諸佛時期，人都有四部衆（出家男女，在家男女）。爲什麼只有我們的釋迦文佛（即釋迦牟尼佛）住世的時候沒有呢？」

大迦葉說：「當佛要入滅時，正在俱夷那竭城附近，背部疼痛，你把漚多羅僧（七條袈裟，上衣）折成四疊，鋪好讓佛休息。這時，佛想喝水叫你去提水，你卻不曾去。這一點讓你犯下突吉羅罪。」

阿難答說：「當時有五百輛車正在渡河，阻斷水流，完全把水弄髒了，我才提不到乾淨水。」

大迦葉說：「雖然說水流汙濁，但佛有無邊的神通，連大海的汙水都能讓它清淨。但是你為什麼不稟告佛呢？這就是你的罪狀。你走吧！好好懺悔自己所犯的突吉羅罪。」

半晌，大迦葉又說：「佛問過你：『如果有人好好修持四種特別卓越的禪定（四神足即是四如意足：集定斷行、心定斷行、精進斷行、我定斷行具神足），那他能否停留一劫那樣漫長的壽命呢？』佛曾經好好修持四神足，而不打算停留一劫的壽命。但你默默不回答。佛問過你三次，你都故意不回答。倘若你回答：『當然能夠。』那麼，因為佛曾經修四神足，自然就能夠停留一劫的壽命了。然而，你偏偏不回答，因為這樣，才使佛早入涅槃（入滅），這正是你犯的突吉羅罪。」

阿難答說：「因為當時有惡魔來襲擾我的心，使我說不出話，倒不是我有壞心眼，故意不回答佛的問話。」

大迦葉又說：「你給佛折疊僧伽梨時（比丘三衣之最大者，又稱大衣。又以其條數最多，而稱為雜碎衣），用腳踩在上面。你也犯了突吉羅罪。」

阿難回答說：「當時吹起狂風，没有人幫忙我。當我拿起衣服時，大風吹起，才把衣服的一端吹到我的腳下。不是因爲我不恭敬，才踩下佛的衣服。」

大迦葉說：「在佛入滅之後，你讓女人看見佛的陰部。這不是很難爲情嗎？所以，你犯了突吉羅罪。」

阿難回答說：「當時，我想如果讓許多女人看見佛的陰部那個樣子，她們也許會馬上覺得生爲女人不好意思，而後想有男人身體，修持佛所呈現的情狀，培植福德的基礎。根據這項理由，我才讓女人看到。我決不是不知羞恥，有意破戒。」

大迦葉說：「你犯了以上六種突吉羅罪。你一定得在教團的衆人面前懺悔。」於是，阿難合掌跪下，從右肩錯開僧衣的一端，脫下草鞋，當衆懺悔自己所犯的六種突吉羅罪。大迦葉在教團裡伸手把阿難拉走，對阿難說：「待你斷盡一切煩惱之後再進來吧！只要還有煩惱未斷盡，你就不得進來。」他一說完話，趕緊把門關上。

此時，一羣阿羅漢在商量：「誰能結集毗尼法藏呢？」阿泥盧豆長老說：「舍利弗雖然是第二位佛，但有一位比他傑出的弟子，名叫憍梵鉢提。他有豐富的感受性，高雅溫和，常常在隱居，保持寂靜，熟知毗尼的法藏。他現住在天上的尸利沙樹園，不妨派使者去請他下來。」

大迦葉向座下一位比丘說：「派你做教團的使者好嗎？」

座下那位比丘說：「我以什麼使者的身份去呢？」

大迦葉說：「教團派你當使者，希望你到天上尸利沙樹園去找憍梵鉢提羅漢。」

這位比丘大喜過望，躍雀地受持教團的命令，稟告大迦葉：「我到了憍梵鉢提阿羅漢的地方時，要說些什麼事呢？」

大迦葉說：「如果你到憍梵鉢提的地方，不妨告訴他：『大迦葉等一羣斷盡煩惱的阿羅漢，全都聚集在閻浮提（在須彌山的南方，就是我們現在居住的世界），在教團裡談論大法的問題，希望你快去。』」

座下的比丘低頭禮拜教團，向右迴繞三次，像金翅鳥般躍上天空飛翔，直飛到憍梵鉢提的住處。他低頭作禮，對憍梵鉢提說：「傑出的尊者呵！你寡欲知足，常常進入禪定裡。大迦葉交待我向您說：『現在，教團裡正在商談關於大法的事情，請您快下來，看看那羣不凡人士的聚會。』」

憍梵鉢提聽了心裡很懷疑，立刻反問那位比丘使者說：「教團裡發生爭執嗎？爲什麼要叫我下去呢？不論有沒有人破壞教團，難道像太陽一樣的佛入滅了嗎？」

比丘說：「您說得對，偉大的教師——佛已經入滅了。」

憍梵鉢提說：「佛竟會這麼快入滅了。觀察世間那對眼睛消失了。僅次於佛，像輪子一樣到處去說法，堪稱領袖羣倫，可做我的老師那位舍利弗，目前在那裡呢？」比丘使者回答：「舍利弗已經入了涅槃。」

憍梵鉢提說：「偉大教師，和佛法領袖，紛紛去世，我們應該怎樣才好呢？摩訶目伽連現在那兒呢？」比丘回答：「他也入滅了。」

憍梵鉢提說：「佛法四散，一羣偉大人物紛紛離去，衆生的確可憐。」

他又問：「那麼，阿難長老現在做什麼呢？」

比丘回答：「阿難長老在佛入滅後，憂慮萬分，失聲哭泣、徬徨迷惑，不能自度。」

憍梵鉢提說：「阿難所以會憂愁苦悶，在於他有愛欲煩惱。他看見佛去世，才產生苦惱，那麼，羅睺羅（佛出家前的兒子）怎麼啦？」

比丘回答：「因爲羅睺羅證得羅漢果，既不憂慮，也不苦惱了。他一直在觀察諸法無常的情狀。」

憍梵鉢提說：「若能除去不易消除的愛欲，那就能無憂無慮了。」

憍梵鉢提說：「我失去了一位離棄欲望的偉大教師，雖然住在尸利沙樹園，還能做什麼事呢？我的老師和偉大的教師都已經入滅。我現在更不必再下閻浮提了。我就留在這兒入涅槃算了。」

話一說完，他就入了禪定，一躍而跳上空中，身上發出光明，射出水火，手指太陽與月亮，呈現各種神奇變化，從心裡放火出來燃燒身體，又從身上放出水，這些水勢形成四條河在流著。這股水流湧向大迦葉的地方。此時，水裡發出聲音，作偈說道：

「憍梵鉢提在一羣非凡的大衆裡，首先向教團那傑出的大德僧，低頭作禮。

我聽說佛已經入滅，我也要追隨而去。彷佛大象走了，小象也跟著去一樣。」

此時，座下那位比丘捧著憍梵鉢提的衣鉢，返回教團裡來。

當這些情況正在展開之際，阿難慎重思及諸法的事，竭力除去餘下的煩惱。當晚，他打坐，又從座裡起立繞行，熱心求道。原因是，阿難有豐富的智慧，較少禪定力量，才遲遲不能得道，如果擁有相等的禪定與智慧，應該會迅速得道。深夜過去，疲乏之下，他躺下來休憩。他退一步躺著，剛要把枕頭抓過來，正當枕頭移動時，他恍然大悟了。猶如電光閃耀，在一片黑暗中找到大路了。這樣一來，阿難終於進入絕對安穩與寂靜的禪定裡，斷盡所有的煩惱，獲得三種非凡的智慧（三明：宿命明、天眼明、漏盡明），六種神通（六神通：天眼通、天耳通、他心通、宿命通、神足通、漏盡通）和共解脫，證得大力阿羅漢的果位了。

當晚，阿難立刻來到教團門口，敲門叫道。大迦葉問說：「誰在敲門啊？」

阿難答道：「我是阿難。」

大迦葉問他：「你爲什麼跑回來呢？」

阿難答說：「今夜我終於除盡煩惱了。」

大迦葉說：「我不給你開門。你從門上的鑰匙孔進來吧！」

阿難答說：「好。」

阿難立刻大顯神通，從門上的鑰匙孔進去。他伏地向教團裏的大衆作禮懺悔，說：「大迦葉呵！請你別再責備我好嗎？」

大迦葉舉手撫摸阿難的頭，說：「我是故意爲你著想，想要讓你得道才這麼做。希望你不要厭憎我。我的情況也是如此，你自己證了道，猶如用手在空間描畫，像染不著或黏不住一樣。羅漢的心境也是如此。在一切法裡，沒有執著之處。你回到自己的座位上吧！」

接著，教團大衆又開始商量：「憍梵鉢提已經入滅。另外，還有誰能結集法藏呢？」

阿泥盧豆長老說：「現在有阿難長老在場，他是佛弟子中常常伺候在佛身邊聽經，又擅長記憶，佛也常常讚嘆他。阿難最有資格結集經藏了。」

於是，大迦葉長老伸手撫摸阿難的頭，說：「佛委託你負責後事，讓法藏持續下去。你一定要報答佛恩。佛最先在那兒說法呢？在佛門一羣傑出的弟子裡，凡能守護法藏者，已經紛紛入滅。只剩下你一個人在世。眼前，你必須依照佛的意思，憐恤衆生，把佛說的法藏結集起來。」

阿難聽了朝僧團致意之後，才坐上師子座（佛為人中之師子，故佛之所坐，總名師子座）。大迦葉說出以下偈語：

「佛是聖師王（師即獅，百獸之王），阿難堪稱佛的兒子。

他坐在佛曾經坐的位置，縱使向羣衆巡視，也看不到佛了。

在座的諸位尊者，一看到佛不在，也都喪失威力了。

猶如天空沒有月亮一樣。縱使有星座存在，也沒有威嚴。

你把大智慧者世尊說過的法，開始說出來吧！

佛最先在那裡說法呢？現在，你一定要說得很明白。」

此時，阿難長老一心合掌，朝著佛的涅槃方向，說出下面的話。

「佛最初說法的情形，我並沒有看見。

當時的情況，據說是這樣。佛在波羅奈時，首先爲五位比丘，打開難得的佛法之門。

佛說四真諦（四聖諦）的法，即是苦的覺悟，苦的生起之悟。苦的滅悟，實踐苦滅之道的悟（苦、集、滅、道）。

他們聽完後，阿若憍陳如首先得悟。

八萬諸天衆，也全都接著證道了。」

在場一千位阿羅漢聽完後，騰空而起，高達七株多羅樹的程度。大家異口同聲：「啊！無常的力量真偉大，我們雖然看到以前說明佛法的情狀，但是，佛已經不在人世。總算『我聽到了』那件事。」接著，他們作偈語說：

「我雖然看過佛的身體姿勢，無異一座紫金山。

但那美妙的儀態，和卓越的人格，卻已經消失，只不過是一個名字而已。

因此，必須要想出方法，從全世界去尋求突破。

要努力聚集許多善的資質，之後，只有涅槃才是最殊勝的快樂。」

此時，阿泥盧豆長老作偈說：

「啊！世間真是無常。猶如水光裡的月亮和芭蕉樹。

縱使功德佈滿全世界，一旦吹起無常風，也會被破壞。」

大迦葉聽了也作偈說：

「無常的力量的確巨大無比。不論愚昧、智慧、貧困、富裕、有地位、得道以及尚未得道者，都難免於無常。

它既非花言巧語，也非美妙財寶；它既非撒謊欺詐，也非能夠憑力氣爭執。

彷彿火在燃燒萬物一樣，無常的存在就是這種情形。」

大迦葉交待阿難說：「要從《轉法輪經》開始搜集，直到《大般涅槃經》，以四阿含——《增一阿含》、《中阿含》、《長阿含》、《相應阿含》（即《雜阿含》）的方式集合，稱它爲修妒路（修多羅，即經藏）的法藏。」

許多位阿羅漢又問說：「誰能夠很清楚地結集毗尼的法藏呢？」

大家異口同聲表示：「憂婆利長老在五百位羅漢裡，在保持戒律方面首屈一指，我們現在去請他來。」

不久，憂波利被請來了。「請你起立，坐上師子座給我們講話好嗎？佛在那兒最先決定律與戒的問題呢？」

憂波利接受教團大衆的指示，才走到師子座坐下來說：「如是我聞，一次，佛住在毗舍離。當時，須鄰那迦蘭陀長者的兒子，首先犯了淫欲。因爲這個關係才讓佛決定最先的大罪。之後，總共訂定二百五十條戒條，內容分成三部，訂下七法、八法、比丘尼、增一、憂波利問、雜部、善部，這樣一來，才完成八十部律藏。」

阿羅漢們又陷入沈思裡了——「誰能很清楚地把阿毗曇藏（論部）結集起來呢？」

他們一面尋思，一面表示：「在五百羅漢裡，阿難長老在理解修妒路（經藏）的意義方面，無出其右。我們去請他來。」

果然，阿難馬上到場了。他們說：「請你起來，坐在那個不動的最高座位上說一下好嗎？佛在那兒最先說阿毗曇呢？」

阿難應請坐上師子座，說：「如是我聞，一次，佛住在舍婆提城。某日，佛告訴一羣比丘說：『許多人倘若不滅除五項恐怖、五項罪、五種怨，那麼，在有生之年，身心都會嚐到無量苦惱；而且到了後世，就會墜入惡道裡。人如果沒有五項恐怖、五項罪、五種怨，那麼，在有生之年，身心都會洋溢著快樂；到了後世，也會出生天上的樂土。由此可知，大家一定要遠離五項恐怖才對。第一是殺生，第二是偷盜，第二是邪淫，第四是妄語，第五是飲酒。』這些叫做阿毗曇藏。」

這樣，總算把三藏結集起來了。諸天、鬼神、羣龍、天女供養各種東西，即天花、香花、旗、罩物等紛紛落下來。那是爲了供養法。接著，他們作偈說道：

「爲了憐憫芸芸衆生，才結集三法藏。
佛有十力、一切智，佛說的智慧是照耀無明（根本的無知）的明燈。」（卷二、《大正藏》六七頁上段——七十頁上段）

論藏的結集

佛陀在世時，法既無錯誤，也無人反對。佛入滅後，法結集了，也跟佛在世時一樣。之後一百年，到了阿輪迦王（阿育王）時代，召開般闍於瑟大集會，由於一羣卓越的法師議論觀點不同，各自形成部派，並以名字當做部派名稱。之後世代相傳，直到一位姓迦旃延，出身波羅門的聖者出現。他不但有智慧，根性也非比尋常。他先讀經、律、論三藏，飽覽佛教以及佛教外的一切經典，意圖深刻理解佛的話，乃寫作《發智經八乾度》（《發智論》）（註一）。第一章是〈世間的第一法〉。但是，以後許多弟子們鑒於後代的人難以理解《八乾度》（《發智論》），才寫出《鞞婆沙》（《大毗婆沙論》），這是一本註解。

另有下面一段傳說，《六分阿毗曇》（《六足論》）（註二）的第三部八章，名叫〈分別世處分〉，是目犍連（目連）的作品。在《六分阿毗曇》第一部八章裡，其中有四章是婆須蜜菩薩的著作，餘下四章是罽賓阿羅漢的著作，其餘五部才是論師們的作品。

還有一種傳說是，佛在世時，因爲舍利弗最懂得佛的話，才寫那本註釋的《阿毗曇》。之後，一位名叫犢子的聖者讀它，也用口唱，從那時開始到今天，大家都叫它《舍利弗阿毗曇》（註三）。摩訶迦旃延當佛在世時，也頗知佛的話，才寫下『蜫勒』，直到今天，它仍流傳於南印度。（卷二、《大正藏》七十頁上段）

註一：現在的《發智論》是玄奘的漢譯本。它有八章四四節，故也稱為《八乾度論》。另一譯本《阿毗曇八犍度論》是僧伽提婆和竺佛念共譯。在諸部派裡，它等於說一切有部的教理依據，為了區別另外一部註解──《六足論》，所以，也叫它《身論》。

註二：《六足論》是以下六本的總稱。(1)《集異門足論》（玄奘譯）。(2)《法蘊足論》（玄奘譯）。(3)《施設足論》（依法護、惟淨的部份翻譯）。(4)《識身足論》（玄奘譯）。(5)《界身足論》（玄奘譯）。(6)《品類足論》（玄奘譯）。在南傳佛教（巴利文），則有以下七論。(1)《法集論》、(2)《分別論》、(3)《界論》、(4)《人施設論》、(5)《品類論》、(6)《雙論》、(7)《論事》。

註三：《舍利弗阿毗曇》是曇摩耶舍，和曇摩堀多合譯。前面的論藏全部屬於說一切有部，只有這本屬於別部派（犢子部及正量部）

舍利弗的故事

有一次，佛坐禪後，站起來到附近繞行。羅睺羅也跟在佛後面走。佛向羅睺羅說：「爲什麼大家都瘦了呢？」羅睺羅作偈答說：

「倘若人吃食用油，就會有力氣。吃了奶製品，會有好膚色。因爲只吃芝麻碎片的蔬菜，膚色既不會好，也不會有力氣，世尊呵！您明白了吧！」

佛向羅睺羅說：「在這羣修行人裡，誰是上座？」

羅睺羅答說：「舍利弗和尚。」

佛說：「舍利弗吃過不清淨的食物。」

不料，這句話輾轉傳到舍利弗的耳朵裡來，他即刻在座上吐出食物，親自起立發誓說：「從今天起再也不接受人家的邀請了。」

那時，波斯匿王，須達多長者等人，前來參訪舍利弗，告訴他說：「若無特殊情形，佛是不隨便接受人的邀請。舍利弗尊者呵！難道您也不接受人的邀請嗎？那麼，像我們身穿白衣的俗人，到底怎樣才能得到清潔非凡的信心呢？」

舍利弗說：「我那位偉大的師父佛說過了，舍利弗正在吃不清潔的食物，所以，我現在不敢接受任何人的邀請。」

於是，波斯匿王等人一齊來到佛的住處，稟告佛說：「佛常常不接受人的邀請，現在連舍利弗也不接受我們的邀請了。我們到底該怎樣得到他十足的信心呢？佛呵！請您吩咐舍利弗再接受一次邀請好嗎？」

佛說：「舍利弗的心很堅定，不能動搖他。」

半晌，佛才引用舍利弗生前的故事。

從前，有一個國王被毒蛇咬了。眼見國王就要命絕，他召喚一羣名醫進來，吩咐他們治療蛇的毒害。此時，醫生們說：「只要迫使那條蛇再把毒液吸入，大王的毒害才能醫好。」

於是，一羣名醫各自施展咒術，竟讓先前咬到國王那條毒蛇前來。醫生們堆起柴薪燃火，命令毒蛇：「你再把毒汁吸起來，否則，我們要把你丟進火裡去。」

毒蛇暗自尋思：「我已經把毒汁吐出，怎能再度把它吸回來呢？簡直比死還難。」

考慮的結果，牠下決心，竟毫不遲疑地跳進火裡去。

當時的毒蛇，投胎轉世，就是現代的舍利弗。世世代代，意志堅決，絕對不會動搖。（卷二、《大正藏》七〇頁下段——七一頁上段）

畢陵伽婆蹉的故事

且說那位畢陵伽婆蹉長老，常常苦於眼病。他每次出外化食，就得渡過恒河。他一到恒河岸邊，就不屑地指著河水說：「小女子呵！暫停一下，別再流了。」果然，河水馬上分開，他才從中間走過去乞化。恒河的水神來到佛的住處，稟告佛說：「畢陵伽婆蹉那位佛弟子常常罵我：『小女子呵！暫停一下，別再流了。』」

佛告誡畢陵伽婆蹉說：「你去向恒河水神道歉和懺悔自己的過錯吧！」畢陵伽婆蹉立刻雙手合十，來向恒河的水神說：「小女子呵！請你別生氣好嗎？我來向你道歉自己錯了，也來向你懺悔。」

此時，許多人看到都笑起來，說：「你爲什麼一面向人道歉，和懺悔自己的過錯，一面還在罵人呢？」

佛告訴恒河的水神說：「難道你沒看到畢陵伽婆蹉雙手合十，向你道歉，懺悔自己的過失嗎？他已經道歉和懺悔自己的過錯，態度也不傲慢，可見他不是惡意；五百世代以來，他常常出生婆羅門家庭，自覺傲慢，瞧不起別人，無形中成習慣。他只不過嘴裡說一說罷了，內心沒有傲慢的意思。」

（卷二、《大正藏》七一頁上段）

旃闍婆羅門女的故事

旃闍這個羅門女人把木盆暗藏在腹部，來到大庭廣衆前指責佛說：「你讓我懷孕，你爲什麼既不耽憂，也不給我衣服和食物呢？一點兒羞恥也沒有，你還敢再欺騙和誘惑別人。」此時，五百位婆羅門紛紛舉手高呼：「說得好！說得好！我們全都知道這件事情了。」誰知佛的臉色不變，也沒有羞愧耽憂的表現。

這種撒謊立刻原形畢露了，因爲大地搖動很厲害。諸天前來供養佛，紛紛落下妙花，讚嘆佛的德性。但佛也沒有特別喜悅的表示。（卷二、《大正藏》七一頁中段）

放牛的故事

《放牛譬喻經》有一段記載：

摩伽陀國的頻婆娑羅王招待佛及五百位弟子長達三個月。國王用新鮮的奶、酪和酥等食物，來供養佛和一羣比丘，同時，吩咐一羣放牛的人：「你們到附近來住好了，而且，每天都要把新鮮牛奶、酪、酥等食物送來。」

三個月過去，國王頗為憐惜地告訴那羣放牛的人：「你們先去瞻仰佛，然後再回到原地去放牛吧！」

一羣放牛人浩浩蕩蕩的來參訪佛。他們沿途高聲交談：「我們聽人說，佛是一切智人，我們只不過是身份低賤的小人罷了。我們要確實明白一切智人到底爲何留在這裡呢？一方面，許多婆羅門喜好酥和酪，常常駕臨放牛人的地方，待人親切。放牛人也因此從他們那裡聽到各種經典的名字，在四種《韋陀經》裡，關於治病、戰鬥、星宿、祭天、歌舞、辯論、難問等各種方法，計有六十四種世間的技藝。又聽說淨飯王的次子（喬答摩、瞿曇）不但學問淵博，也有豐富的常識，即使懂得《韋陀》方面的事，那也不足爲奇。他自出生到現在，根本不曾放過牛。我們不妨問些放牛的秘訣，倘若他知道得很多，他才是真正的一切智人。」

他們經過一番議論，才進入竹園裡。他們看見佛的光明照耀林木間，一片輝煌。他們走前來禮佛，看到佛坐在樹下的情狀。佛的姿勢彷彿一座金山，又像把酥丟進火裡，碰地一發，呈現光亮的火花一樣；猶如融化的金子，散落在竹林間，放出紫金色的光輝。他們目睹這種情狀，而皆大歡喜。大家不自禁地交談起來：

「眼前這個釋迦族的師子（喬答摩、瞿曇的尊稱），會沒有一切智嗎？
只要一看到他，沒有人會不喜歡。光憑這一點，理由就已經足夠充份。
光明是最重要的明亮，那尊容也真是高貴莊嚴。
儀態也具有威德，是名符其實的佛。
不管站在那種角度看，全都很明亮清新，神采也夠威嚴。
福德兼備，相互生輝，看到的人，無不愛慕。
身上呈現圓融的光輝，會令目睹者的不快消失。

只要擁有一切智，必然會有這種功德。

一切色彩優美的圖畫，嵌上寶物的裝飾，和莊嚴形像，若想跟這莊嚴的妙身相比，那是根本配不上。

既能讓一羣觀衆心滿意足，也能給予最大的歡樂。

尤其，一看見這種情狀，會令人湧起清淨的信念。他一定是一切智者無疑。」

他們暗忖完了，才向佛作禮，然後坐下，再向佛提出問題：「放牛的人有幾種方法？如能成全這些方法，才能使牛羣繁殖嗎？又有幾種方法，如果不成全的話，是否不但不會增加牛羣數量，而且還得不到輕鬆安定？」佛回答：「計有十一種方法，放牛者才能讓牛羣繁殖。這十一種方法是：

一、知曉對象的色澤

二、知道姿勢

三、懂得刷毛

四、懂得治療傷患

五、懂得冒煙

六、懂得好路線
七、知道牛所要的地方
八、知道容易渡河的所在
九、知道安穩舒適的所在
十、懂得置餘奶
十一、懂得怎樣重視牛的頭目

倘若放牛者懂得以上十一種方法，才能使牛羣繁殖。比丘也不例外，若知道十一種法，才能增延善法。即是：

一、怎樣知曉對象的色澤呢？如果是牛的話，就要懂得黑色、白色、混合色。比丘也是這樣，一切對象者由四種元素（地，水，火，風）組成，要知道它們全靠這四項元素形成的。

二、怎樣知道姿態呢？要曉得牛健康和患病的姿態，即使跟其他牛羣一比較，也能憑姿態來識別。比丘也一樣，看見他擺出好姿勢，就曉得他是智者，如擺出壞姿勢的話，一看也知道他是愚蠢傢伙。

三、怎樣懂得刷毛呢？倘若許多蟲類附著在牛的身上吸血，就會呈現各種瘡。因此，只有好好刷毛，才能除害，保持健康。比丘也一樣，當邪念的蟲吸了善良資質的血液，心的傷害才會加劇。只有除掉它，才能心安理得。

四、怎樣醫療傷患呢？有時不妨爲牛鋪上草葉，防範蚊蟲的叮刺。比丘也一樣，心裡觀照正法，覆蓋六種享樂的傷害，別讓煩惱、貪婪和瞋恚等壞蟲刺傷。

五、要懂得怎樣起煙，驅逐許多蚊蟲等蟲類？牛若看見遠處冒煙，會紛紛回到自己的房舍。比丘也一樣，好像親自聽到般地實行、講述，除去諸多煩惱的蚊蟲，以說法的煙，引導衆生，讓他們進到無我、實相和空的房屋裡。

六、怎樣知道路呢？牛從來來去去的情狀，曉得路的好壞。比丘也一樣，了解八正道（註三），才能進入涅槃，脫離斷滅與恆常的兩條惡道。

七、曉得牛的需求何在？才能讓牠繁殖旺盛，減少疾病。比丘也一樣，宏揚佛法時，可以獲得清淨法喜，讓諸種善根更好的成長。

八、知道牛怎樣過河？牛懂得那裡容易下水或容易渡過，那裡沒有巨浪和惡蟲？比丘也一樣，儘量到多聞的比丘那裡去問法。另一方面，說法的人要事先明白人心的敏銳、遲鈍、或煩惱的輕重，好好拯救他們，好讓他們渡向安穩寧靜的彼岸。

九、如何知曉安穩寧靜的地方呢？要懂得適宜安住，沒有虎、狼、獅子，惡蟲或毒獸的所在。比丘也一樣，四念處（註二）可以得到平安寧靜，曉得何處沒有煩惱的惡魔與毒獸，倘若比丘來到這裡，必能安然無恙，無憂無慮。

十、怎樣處理餘下的母奶？母牛疼愛小牛，儘量餵奶。此時，如果母牛有剩餘的奶，母牛歡喜，小牛也會吸得夠飽，牛主人與放牛者，每天都有好處。比丘也一樣，在家俗人或居士，布施衣服或食物給出家人時，必需要明白有多少數量？不能全部用完。這樣，布施者會歡喜，信心不斷，受施者也不虞匱乏。

十一、怎樣重視牛的頭頭？因爲許多成長的大牛，都會好好守護牛羣，所以，要特別小心保護大牛，別讓牠瘦弱下來。譬如給牠喝些麻油，裝飾瓔珞，戴上鐵角標幟，善用毛刷揉搓，或當面誇稱。比丘也一樣，在大庭廣衆前面，要讚嘆威德顯赫之士，護持佛法，駁倒外道，好好給八衆（註三）培植善根，依據他們的需求，讓他們能夠湧起恭敬和供養心。

這羣放牛人聽完上面的話，心裡尋思：「我們知道也不過其中三、四項，甚至連放牛師父也充其量懂得五、六項。現在聽他這麼說，無異破天荒的事。連這種專業都能一清二楚，其他一切也應該不在話下。眼前這位先生無疑是一切智人。」（卷二、《大正藏》七三頁中段——七四頁中段）

註一：八正道是原始佛教以來，信徒應該實踐的中心德目。那是正見、正思、正語、正業、正命、正精進，正念和正定等八項。

註二：(1)身是觀照不淨的身念處。(2)受是觀照苦的受念處。(3)心是觀照無常的心念處。(4)法是觀照無我的法念處。四念處即是三十七項實踐的首要。

註三：八衆是成立佛教教團的要素。(1)比丘（二十歲以上的出家男性），(2)比丘尼（二十歲以上的出家女性）、(3)沙彌（未滿二十歲的出家男性）、(4)沙彌尼（未滿二十歲的出家女性）。(5)正覺女（未成年的出家女性，做比丘尼前兩年）。(6)優婆塞（在家男性佛教徒）。(7)優婆夷（在家女性佛教徒）。(8)近住（在家佛教徒，特別指受完八戒者）。

王舍城的由來(一)

且說摩伽陀國王生下麟兒，有一個頭、兩個臉、四隻手臂。當時，人人都以爲此子不吉祥。於是，國王把這個孩子的身首分開，丢到荒野去。不料，羅刹女鬼闍羅，去把那個孩子的身首復合，餵奶扶養。後來，這個孩子長大成人，力大無窮，足以兼併各國，而統治天下，他逮捕了一萬八千位國王，統統放在五座山（註）裡。再施展龐大的勢力，統治了閻浮提。閻浮提的衆生，基於上述因緣，才稱那座山爲王舍城。（卷三、《大正藏》七六頁上段）

註：王舍城被下面五座山包圍——白善山、靈鷲山、負重山、仙人掘山、廣普山。

王舍城的由來(二)

摩伽陀王從前住在一座城裡，有一天，城內起火，被燒得片瓦無存。他只好重新建造，這樣連續過七次。結果，該國百姓由於苦幹勞役，才會精疲力盡。國王十分憂慮和恐懼，才召集一羣聰明人，詢問他們的意見和其中原因。有人建議：「應該換個地方才對。」

於是，國王馬上找到一個適宜的地點，那裡有五座山，看來像城牆一樣圍繞著。之後，國王在這兒建築宮殿，接著搬來居住。王舍城因此得名。

（卷三、《大正藏》七六頁上段）

王舍城的由來(三)

很早以前，一位國王叫做婆藪。他心裡很厭惡俗世，結果出家成了仙。當時，有一羣在家的婆羅門，正在跟一羣出家仙人辯論。在家婆羅門說：「經書上說：『天神祭典時，殺生吃肉也無妨。』」

一羣出家仙人說：「天神的祭典裡，不能殺生吃肉。」於是，雙方互相爭論，各憑能耐。

一羣出家婆羅門說：「現實上，就有一位當過國王，現已出家成仙的人，不知諸位，會相信這個人嗎？」

一羣在家婆羅門說：「相信。」一羣出家仙人說：「那麼，我們不妨找他當見證人，我們明天去問他好了。」

一羣在家婆羅門，卻在當晚偷偷先來拜訪婆藪仙人提出各種問題。之後，他們告訴仙人說：「明天辯論時，請你幫我們的忙。」

次日，果然雙方展開辯論了。一羣出家仙人質問婆藪仙人：「祭祀天神時，殺生肉食也無妨吧？」

婆藪仙人說：「依照婆羅門法上說，祭祀天神也可以殺生肉食。」

一羣出家仙人說：「請問你真正的意思怎樣呢？到底能不能殺生肉食呢？」

波藪仙人說：「倘若爲了祭祀天神，那麼，殺死那些生靈當肉吃也不妨。因爲那些生靈爲了祭祀天神而死，故能出生天上。」

一羣出家仙人說：「你的論調大錯特錯，完全在撒謊。」當場向他吐口水說：「罪人呵！你死掉算啦！」

突然，婆藪仙人搖擺很厲害，不自覺地雙腳陷入泥土裡，直到足踝。因爲他打開大罪門了。

一羣出家仙人說：「你一定得實話實說，如果故意撒謊，恐怕連你的身體都會陷入地下。」

婆藪仙人說：「我知道爲了天神而殺羊肉吃，也不會犯罪。」不料，他馬上又沈下，深達膝蓋。而且，逐漸下沈，到了腰部，最後深到脖子上。

一羣出家仙人說：「因爲你現在撒謊，才會遭到現世報。以後如果說老實話，那麼，你即使陷入地下了，我們也會救你出來，甚至免去剛才的罪。」

此時，婆藪仙人自言自語：「我是不尋常的人，怎能說話前後矛盾呢？而且，在婆羅門的四韋陀（即壽、祠、平、術）法裡，有各種緣由、規定讚嘆和祭祀天神之法，我個人的死不足惜，也微不足道。」

他心裡有了計較，仍然堅持：「祭祀天神，殺生食肉，當然不犯罪嘍！」

一羣出家仙人說：「你已經是大罪人。去你的！我們沒有必要再看到你。」果然，他全身都陷入地底下。

直到今天，那裡還常用婆藪仙人的法。就是祭祀天神，如果操刀殺羊，當刀子剛要砍下時，都應該說：「婆藪在殺你。」

婆藪的兒子名叫廣車，他繼任王位後，不久，也厭憎俗世，但他並沒有去出家。

他心裡想：「先父出家後，活生生的陷入地底下。如果我治理天下，豈非也會犯下大罪？現在，我到底該做什麼事情呢？」

他想到這裡，空中忽然傳來說話的聲音，內容是：「如果你肯到外面去，也許會看見一個極罕見的所在。那麼，你一定要在那裡造房子，也要住在裡面。」話一說完，聲音立刻消失。

不久，國王到郊野狩獵。果然，他發現一隻小鹿快如疾風從眼前跑過去。國王馬不停蹄追下去。不料，國王始終追不上。只好停下來，不再追下去。一大羣官員和隨從，也趕不上那隻鹿的速度。大家慢慢地向前走，居然看見五座山環繞堅固，附近地面很平坦，綠草柔軟，地面生長一大片美麗的鮮花。各種樹林、花草，和果實都很繁茂。溫泉與涼池的水，十分清澈，無異在裝飾這個地方。天花和天上的香氣處處飄蕩，天樂到處聽得見。這時候，乾闥婆的藝伎目睹國王來到，才各自返回原處。國王心想：「這種地方人間少見，我以前根本不曾看過這樣好的所在。現在，我一定要在這兒建房子住下來。」他一想到此，那羣臣子和侍從也跟著國王後面趕來。

國王回顧臣子們說：「以前，我聽到空中傳話：『你如果到外面，也許會看到罕見的地方，那麼，你一定要在那裡造房舍住下來。』我眼前正是這個罕見的所在。我一定要在這兒建房子住下來。」國王即刻放棄原來的城市，搬到這座山裡來居住。這位國王最先搬來居住，以後，歷代才繼續居住下來。緣於從前國王建造的宮殿，世人才把這裡取名爲王舍城。（卷三、《大正藏》七六頁上、下段）

王舍城跟其他地方比較

王舍城裡有五座精舍：一、竹園，二、鞞婆羅跋恕，三、薩多般那求呵，四、因陀世羅求呵，五、薩簸恕魂直迦鉢婆羅。竹園建在平地上。其他國家沒有這樣多棟精舍。

舍婆提只有一間精舍，即是祇桓精舍。另外一棟是摩伽羅母堂，但找不到第三棟了。

婆羅奈斯國有一棟鹿林精舍，叫做梨師槃陀那。

毗耶離有兩處精舍，一處叫做摩訶槃，另一處叫做獼猴池岸樓舍。

鳩睒彌有一所精舍取名爲劬師羅園。

由此可知，許多國家僅有一處精舍，或有不密集的樹林，但王舍城內有許多所精舍。（卷三、《大正藏》七七頁下段）

摩伽陀國

根據《阿含》及《毗尼》上說，毗耶離國常常發生飢荒。根據《降難陀婆難陀龍王經》上說，舍婆提國有飢荒。此外，還有許多國家也不時碰到飢餓。幸好摩伽陀國沒有這種災難。（卷三、《大正藏》七八頁中段）

摩訶迦葉

摩訶迦葉長老曾在耆闍崛山結集三法（經、律、論）藏，待衆生抵達應該到達的彼岸後，他意圖跟隨佛的後面，進入涅槃。某日，他大清早起，披上袈裟，托缽進入王舍城，行乞完畢。他登上耆闍崛山，告訴衆弟子：「我現在要入無上的涅槃。」

他說完話，走進房裡，兩腳交叉，結跏趺坐下。斷盡煩惱的禪定，果然自動飄到他身上了。

摩訶迦葉座下的衆弟子，進入王舍城，告訴一羣貴人說：「諸位知道嗎？摩訶迦葉尊者今天要入無上的涅槃。」貴人們聽了立刻憂心地表示：「佛已經入滅了，幸虧有摩訶迦葉護持佛法；不料，他現在意圖進入無上涅槃。」那羣貴人和比丘們，特在申時（午後四時）返回耆闍崛山集合。

摩訶迦葉長老在申時從禪定中站起來，走進大庭廣衆前坐好，讚嘆無常。他說道：「萬物根據因緣產生，才會有無常。譬如不曾有的東西，眼前不會存在。曾經存在的不再出現。從此可見無常現象。根據因緣產生，才會有無常，因爲有無常，才會有苦惱。因爲有苦惱，才會有無我。因爲無我的存在，才會使有智慧的人，決不執著，『我』與『我所』(佔為己有)。倘若執著我與我所，就會帶來無邊無量的憂愁與苦惱。人生在世，內心一定要努力遠離這些欲望，厭憎上述的東西。」他敘述世間各種苦惱，藉此開示，以便入涅槃，當他一說完話，就披上佛送的僧伽梨，拿著衣缽，取下手杖，像金翅鳥一樣徐徐飛向天空了。他同時顯現四種的儀態，就是坐、臥、行和停止。他一身可以現出無量的身體，都在東方世界盡量擴大。接著，他的無量的身體突然縮回身上，從上身噴出火，從下身噴出水；之後，又改從上身出水，下身出火。連續在南、西和北方世界，呈現同樣的情狀。

那些聚集的羣衆，全部心裡厭憎世間，看了皆大歡喜。大家站在耆闍崛山頂上，拿著衣缽，一齊發願：「但願我的身體不要腐朽，待彌勒在未來世上成佛時，縱然我只剩下骨骼，也盼能再度出世，藉這因緣來拯救衆生。」之後，他們走進山頂的石頭裡，這些石頭好像軟泥巴一樣，讓人們很容易進去。待他們進去後，山又忽然復合起來。

後來，當人類的壽命長達八萬四千歲，身高到達八十尺的時代，彌勒佛才出世。佛的身高有一百六十尺，臉有廿四尺，圓滿的光明也遠達十里周圍。當時，衆生聽彌勒佛出世，無數的人也跟隨佛後面出家了。當彌勒佛最初說法時，居然有九十九億人證得阿羅漢果，獲得六種神通。第二次集會時，多達九十六億人證得阿羅漢果。第三次集會時，亦有九十三億人證得阿羅漢果。之後，一直有數不盡的人得到救渡。

那時候，大家活得很長久，才體會要厭世。彌勒佛眼見許多人如此，就用腳指敲開耆闍崛山。忽然，看見摩訶迦葉長老皮包骨的身體，披著僧伽梨出現，向彌勒佛的腳前頂禮，再騰身到空中，呈現上述的諸種變化。之後，摩訶迦葉又迅速消失在空中，進入涅槃裏了。

此時，彌勒佛的弟子們覺得不可思議，問道：「他到底是誰呢？好像人但身體卻小得很。他穿著法衣，變化多端。」

彌勒佛說：「他是以前釋迦文尼佛（即釋迦牟尼佛）的弟子，名叫摩訶迦葉。曾經實踐阿蘭若行（名為意樂處，謂空寂行者之所樂），寡欲知足。他在實行頭陀（修持怎樣遠離衣食住的執著）方面，是比丘裡無出其右，他是一位得到六種神通的共解脫的大阿羅漢。在他那個時代，人的壽命長達百歲，但也很少人活過一百歲，大部份都少於這個年歲。這樣瘦小的身體，也能成就這樣不尋常的功德。你們高頭大馬，資質優秀，爲什麼不想成就像他這樣的功德呢？」

衆弟子聽了，不自覺地羞愧起來，對於人間起了巨大的厭憎心。彌勒佛依照大衆的心理反應，立刻給予各種說法。結果，有人得到阿羅漢、阿那含、斯陀含或須陀洹（註），有人種下辟支佛的善根，有人得到無生法忍（領悟不生不滅的法那種寂靜境界），不退轉的菩薩，有人能夠出生天上或人間，享受各種福樂。

由此可見，耆闍崛山是一個幸福功德的場所，衆聖人樂於居住。尤其，佛是一羣聖人的主宰。（卷三、《大正藏》七八頁中段——七九頁中段）

註：阿羅漢、阿那含、斯陀含、和須陀洹合稱聲聞，他們是領悟佛法的人。阿羅漢譯作應供，阿那含譯作不還，斯陀含譯作一來，須陀洹譯作預流，凡夫是從預流到阿羅漢。

耆闍崛山㈠

耆闍崛山是過去，未來和現在諸佛居住的地方。

根據《富樓那彌多羅尼子經》上記載，佛告訴富樓那說：「如果所有世界完全燒燬，只要有人再生，我會常來這座山裡停留。一切衆生都被煩惱層層綁住，不修行見佛的功德，因此他們才見不到我。」（卷三、《大正藏》七九頁中段）

耆闍崛山(二)

許多摩訶衍（大乘）經，大部份是在耆闍崛山上講的，只有極少部份在別處講過。爲什麼呢？因爲山裡很清淨，又有福德。那裡是三世（過去、未來、現在）諸佛的住處，十方（東西南北四方加上中間以及上下）菩薩也稱讚和敬愛這個場所，一羣天、龍、夜叉、阿修羅、迦留羅、乾闥婆、甄陀羅、摩睺羅伽（註）等大力諸神，也在守護，供養和敬愛這裡。有一句偈語說：

「這座耆闍崛山是諸佛居住的地方，因爲有聖人留在這兒休息，保護一切。

這兒能夠解脫諸般煩惱，只有真法存在。」（卷三、《大正藏》七九頁中段）

註：天、龍、夜叉、阿修羅、迦留羅、乾闥婆、甄陀羅、摩睺羅伽等叫做八眾，一齊守護佛法。

舍利弗行乞

某部佛經上說——

某日，舍利弗進城行乞，得到食物後，面壁坐下，才開始動手吃。不料，一位修持嚴謹的女人，名叫淨目，走過來看到舍利弗，她忍不住問：「沙門呵！你在吃飯嗎？」

舍利弗答說：「我正在吃飯。」

淨目問：「你這位沙門正在下口食嗎？」

舍利弗答說：「女士啊！不是。」

淨目問：「你在仰口食嗎？」

舍利弗答說：「不是。」

淨目又問：「你在方口食嗎？」

舍利弗答說：「不是。」

淨目又問：「你在四維口食嗎？」

舍利弗答說：「不是。」

淨目說：「食法有四種，我問你用那一種，你都說不是。我不明白，請你說明理由好嗎？」

舍利弗答說：「有些出家人調製藥物，播種插秧或種植樹木，都習慣過不清淨的生活，這叫做下口食。有些出家人凝視星宿、太陽、月亮、風、雨、雷電等，過不清淨的生活，這叫做仰口食。有些出家人向權大勢大者諂媚，派人結交四方，巧言令色求助於人，也過不清淨的生活，這叫做方口食。有些出家人學習各種咒術、占卜吉凶等，過各種各樣的不清淨生活這叫做四維口食。女士呵！我不在以上四種不淨食裡，因為我只靠清淨行乞過日子。」

淨目聽到舍利弗說明清淨的飲食方法，歡喜之餘，始知其中的區別，同時相信不疑。舍利弗又藉這個因緣說法，讓她證得須陀洹道（註）。（卷三、《大正藏》七九頁下段——八十頁上段）

註：須陀洹道譯作預流，從凡夫進入佛弟子的第一階段。

須跋陀梵志

《須跋陀梵志經》上記載：

一位單身漢名叫須跋陀，他的修持嚴謹，年齡一百二十歲，得到五種神通，住在阿那跋達多池畔。一天夜晚，他夢見所有的人都瞎了眼，赤身裸體，站在黑暗中，太陽下沈、大地破裂、海水乾枯、狂風怒號吹向須彌山，把整座山夷成平地。他夢中醒來時，心驚膽顫，暗自沈思：「怎麼會發生這種事情呢？難道我快要命終了嗎？還是天地的主宰要下凡了呢？」

因爲他做了以上的夢，才不能自行開悟。

不久以後，前輩子有一個好友在天上，他下凡來告訴須跋陀說：「你不必怕。有一個人叫做佛，他擁有一切智。今晚深夜，他要進入無上的涅槃，所以，你才會做這個夢，並不是因爲你自己的緣故。」

次日，須跋陀到了拘夷那竭國的一處密林裡，看見阿難正在來回繞行，他走前去告訴阿難：「我聽說要發生幾件事情——令師要說新的涅槃之道，今天夜晚會入滅。我心裡有些疑問，請你帶我去見佛，請佛解答我的疑問好嗎？」

阿難答說：「世尊的身體實在不行了，倘若你提出難題，恐怕會打擾世尊，讓他不安。」須跋陀一連央求三次，阿難的答覆依然如是。

佛遠遠聽到他們談話，立刻親切地告訴阿難說：「你把那個單身漢修行者須跋陀帶過來，他即使提出難題，我也可以給他自由發問。這是我最後一次談話，他將是一位最後得道的弟子。」半晌，須跋陀來到佛面前，提出內心的問題請教世尊。之後，他坐在一邊，心想：「許多外道放棄恩、愛、財、寶去出家，無一得道。只有這位瞿曇出家得了道。」

暗忖完畢，他立刻問佛：「在這個閻浮提的地面上，聽說有六位師父（註一）自稱得到一切智。不知這種說法對不對？」

世尊聽了作偈了回答：

「我十九歲出家，修習佛道。我自出家到現在已經超過五十年了。關於清淨戒行、禪定和智慧，外道們一點兒也沒有。既然如此，更何況一切智呢？」

「如果沒有八正道，其間自然沒有第一果、第二果、第三果、第四果。若有八正道，自然有第一果、第二果、第三果、第四果（註二）。須跋陀呵！在我的法裡，就有八正道。不消說，其間也有第一果、第二果、第三果和第四果了。其他外道所說的法，全都很虛無，既無道、也無果。外道中不但沒有任何沙門，也沒有婆羅門。我的法無疑在大庭廣衆間做了獅子吼。」

這位單身的修行者——須跋陀，聽到這次說法，即刻證得阿羅漢果。他沈思片刻，才說：「我決不跟佛進涅槃。」

他尋思至此，才在佛面前，雙腳交叉，結跏趺坐，自己運用神通，從身上噴火出來燃燒身體入滅。

之後，佛說：「若無功德，或少許功德，不僅難有悟道之法，也不能救度衆生。佛說的是，待自己具備一切功德後，才能救度弟子。譬如微不足道的藥劑師，只有一兩種藥物，具備不充份，自然不能醫治重病。一羣偉大的藥劑師，因爲備妥各種藥物，才能醫治許多病。」（卷三、《大正藏》八十頁下段——八一頁上段）

註一：在釋尊修行時代，出現不少思想家，其間最著名的有六個人、俗稱六師外道。他們是：一、珊闍耶毗羅胝子。二、阿耆多翅舍欽婆羅。三、末伽梨拘舍梨。四、富蘭那迦葉。五、迦羅鳩馱迦旃延。六、尼乾陀若提子。

註二：四果是須陀洹，斯陀含、阿那含、阿羅漢。以上是從凡夫修成佛的四個階段。

摩犍提梵志

摩犍提是一位單身的修行者，他的弟子將他的屍體抱到床上，將他抬到城裡人羣擁擠的地方，大聲叫唱：「只要有人看到眼前摩犍提的屍體，不論是誰，全都能夠得到清淨之道。如能向他的屍體膜拜和供養，得道更不在話下。」一羣人都相信他的話。

一羣比丘們聽了跑去稟告佛：「這到底是怎麼回事呢？」佛作偈說明：

「小人看見眼前，只求清淨。這樣既無智慧，也無實道。

衆生心裡充滿煩惱，怎能得到眼前的清淨之道呢？

倘若看見眼前，才能得到清淨之道，那麼，他爲什麼需要用智慧得來的功德之寶呢？

只看眼前要求清淨，決無此事。只有靠智慧得到的功德，才是清淨的東西。」（卷三、《大正藏》八二頁中段）

阿難取名的由來(一)

釋迦文佛前輩子是一位製瓦師，名叫大光明。那時佛在世，名叫釋迦文。門下的弟子有舍利弗、目犍連和阿難等。

佛偕同諸弟子到了製瓦師家裡，住宿一宵。那時候，製瓦師坐在草堆上，明燈下，從石具裡滲出蜜汁，分成三份布施，供養佛和諸比丘。同時起願說：「我隨後會在老、病、死等苦惱，和充滿五惡（殺生、偷盜、邪淫、妄語、飲酒，即反於五戒者）的世上成佛，像現在的佛一樣，自報釋迦文的姓名，我的佛弟子也讓他們取像現在的佛弟子姓名一樣的名字。」

結果，根據佛的願望，以後才能取名叫做阿難。（卷三、《大正藏》八三頁中段）

阿難取名的由來(二)

阿難歷經多少回投胎轉世，世世代代，都有忍耐工夫，怒氣全消。基於這個因緣，他出生後才馬上有端正的體態。父母眼見他的體態端莊，皆大歡喜，才取名叫阿難，意思是「歡喜」。（卷三、《大正藏》八三頁中段）

阿難取名的由來(三)

從前，太陽族有一位國王，名叫師子頰。國王膝下有四個兒子，一個女兒；大兒子取名淨飯，二兒子取名白飯，三兒子取名斛飯，四兒子取名甘露飯。女兒名叫甘露味。

淨飯王生下兩個兒子，就是悉達陀（即悉達多，釋迦佛為太子時名）與難陀。白飯王膝下兩個兒子是，跋提與提沙。斛飯王的兩個孩子，叫做提婆達多和阿難。甘露飯王的兩個兒子，是摩訶男與阿泥盧豆。女兒甘露味有一個兒子叫做施婆羅。

在上述的一羣子孫裡，悉達多菩薩日漸長大，他放棄世俗那個轉輪聖王的地位，深夜跑去出家，到了漚樓鞞羅國的尼連禪河畔，修持六年苦行。

那時候，因爲淨飯王非常疼愛這個兒子，經常派使者去問長問短，意欲明白他的近況——「我的兒子能不能得道呢？他病了嗎？還是不幸死了呢？」

使者回來，稟告國王：「菩薩只剩下皮包骨了，勉強保住身體而已。生命十分脆弱，朝不夕保，恐怕活不久了。」

不消說，國王聽了憂心忡忡，終日愁眉不展：「我的兒子已經不能做轉輪聖王，也不能成佛了。他這樣衰弱辛苦，一無所得，難道就這樣死去嗎？」國王一直疑心，苦悶、迷惑和惆悵，心裡有千萬個結。

幸好菩薩不久離開苦行的地方，喝下百味的乳糜，才使身體好不容易康復。他走到尼連禪河裡洗澡，沐浴完畢，來到菩提樹下，開始靜靜地打坐，自己發誓：「我現在要結跏趺坐，完成一切的智。倘若得不到一切智，不管怎樣，我都不會站起來。」

不料，魔王率領十八億牛鬼蛇神，來到菩薩身邊，儘量做各種騷擾。幸虧菩薩有智慧的力量，才打敗大批魔軍。魔軍眼見大勢已去，只好退卻，暗自尋思：「要戰勝菩薩可真不容易。看樣子不如去擾亂他的父王才對。」

果然，他們來到淨飯王身邊，撒謊說：「你的兒子今天凌晨死了。」國王一聽，猶如晴天霹靂，趺坐在上，像一條魚被放在熱烘烘的沙灘，嗚咽悲泣，而作偈說：

「阿夷陀撒謊了，那些預兆根本無法證實。連獲利那樣少有的名字，什麼也沒有得到。」

正在此時，住在菩提樹上的神卻十分歡喜，捧著天界的曼陀羅花，來晉見淨飯王，也作偈語說：

「你的兒手已經得道了，那羣魔軍已經被打得落花流水。輝煌的光明，猶如旭日初昇，正在照遍十方土地。歡喜獲得大利，解脫了一切的苦惱。

如今已經可以大轉法輪了，且無所不清淨！」

國王反問：「上次魔軍跑來通知我：『你的兒子已經死了。』現在你卻來告訴我：『他已經打敗魔軍得道了。』兩句話互相矛盾，到底要我相信誰的話呢？」

樹神又說：「我沒有騙你，上次來見你的天神騙你說：『你兒子死了。』那是魔軍心裡嫉妒，才跑來騷擾你。今天正有諸天、龍、神來供養華香，天空垂帛；另一方面，你兒子的身上也放出光明，正在照遍天地。」

國王聽了才從諸般苦惱和憂慮中解脫出來。國王說：「我兒子捨棄轉輪聖王的機會，現在卻做了法的轉輪聖王，他必能獲得很多的好處，永遠不會失去才對。」國王歡喜異常，躍雀極了。

正在說話時，斛飯王派使者前來，稟告淨飯王：「令弟現在生下一個兒子。」國王聽了心生歡喜，說道：「今天才真正是歡喜日子。」於是，他向使者說：「他的嬰兒也應該取名阿難（歡喜）才對。」（卷三、《大正藏》八三頁中段——八四頁上段）

阿難取名的由來(四)

阿難長得相貌端莊，心性清淨，彷彿鏡子一樣，光明磊落。一個人不論年歲，容貌與臉的美醜，全都是從身體發出來的。因為阿難長得一表人材，身體健壯，許多少女看了，都會忍不住春心蠢動。因此，佛才特別允許他把衣服掛在肩上，而不用裸袒右肩。因為阿難不論讓誰看到，都會打從心眼歡喜，所以取名阿難。（卷三、《大正藏》八四頁上段）

過去佛

一加一叫做二，二乘二叫做四，三乘三叫做九，十個十叫做百，十個百叫做千，十個千叫做萬，一千個萬叫做億，一千萬個億叫做那由他，一千萬個那由他叫做頻婆，一千萬個頻婆叫做迦他，超過迦他叫做阿僧祇（無數的意思）。這樣下去，會多達三阿僧祇的數目。倘若用滿一阿僧祇，就用第二阿僧祇。若用滿第二阿僧祇就要用第三阿僧祇。這種算法彷佛算數的法則。那就是從一開始算，逐漸前進，數到一百。如果數到百，就再數一，回到一。因此，菩薩超過一阿僧祇，就要再從一開始數。

在最初的阿僧祇時代，難免心裡會猶豫不決，到底要自己成佛，還是不成佛呢？到了第二阿僧祇時代，雖然內心知道自己一定成佛，但也不會說出來，我當然會成佛。在第三阿僧祇時代，不但很清楚地知道自己必能成佛，而且會親口表示，毫不畏懼，我下輩子必能成佛。

釋迦文佛是從過去釋迦文佛起，直到罽那尸棄佛的最先阿僧祇。其間，菩薩脫離了長期以來的女人身。從罽那尸棄佛到然燈佛（燃燈佛）這段時期，是第二阿僧祇。其間，菩薩向然燈佛供養七朵青色蓮華，鋪上鹿皮衣，排好毛髮，放在泥土上。這時候，然燈佛前來授予將來覺悟的證言，說：「你在下輩必定會成佛，名叫釋迦牟尼佛。」從然燈佛到毗婆尸佛（過去七佛的第一位佛）這段期間，是第三阿僧祇。倘若過了第三阿僧祇劫（劫指長時間），那時候，菩薩種了三十二相的業因。（卷四、《大正藏》八七頁上段）

釋迦菩薩與彌勒菩薩的修行

在非常遙遠的過去，佛在世取名爲弗沙。當時，有兩位菩薩在世，一位名叫釋迦牟尼，一位名叫彌勒。弗沙佛想要觀察釋迦牟尼菩薩的心是不是純淨善良，非比尋常？經過很快觀察的結果，發現他的心地雖然還未達到純淨善良非比尋常的境界，而許多弟子們心境全都純淨善良，超然物外。相反地，彌勒菩薩的心境已經純淨善良，非常人所能及，但是，諸弟子們的心卻還沒有達到這種境界。

於是，弗沙佛暗自尋思：若想迅速教化一個人的心，倒很容易，但要治癒衆生的心病，卻非易事，而且困難重重。

在這種情況下，弗沙佛想要使釋迦牟尼菩薩能夠迅速成佛。於是，他攀登到雪山上，在寶物建造的山洞裡，進入火焰熊熊的禪定中。此時，釋迦牟尼菩薩化身一位外道仙人，到山上採藥。不消說，他看見弗沙佛坐在寶石建造的山洞裡打坐，正是在進入火焰熊熊的禪定，放出光明的情景。釋迦牟尼菩薩看到此，心生歡喜，堅定信仰，抬起一腳，仍舊站在那裡，雙手合十，向弗沙佛專心注視，七天七夜未曾閉眼。之後，他作一首偈語讚嘆弗沙佛說：

「天上天下，無人可與佛相比擬，即使十方世界也無人可以比擬。我看遍一切世界的衆生，全都不能跟佛相提並論。」

釋迦牟尼菩薩七天七夜裡，清清楚楚看著世尊，目不轉睛。

有一個問題是，爲什麼釋迦牟尼菩薩心裡尚未純淨善良，非比尋常？反而諸弟子的心能夠純淨善良，非同小可呢？彌勒菩薩的心自動清淨，非比尋常，而弟子們的心並非如此？

答案是，釋迦牟尼菩薩多半有心要給予衆生諸般利益，而比較少爲自己設想。反之，彌勒菩薩比較多爲自己著想，而少爲衆生著想的緣故。（卷四、《大正藏》七八頁中段、下段。

尸毗王的故事

釋迦牟尼佛前世當國王時，名字叫做尸毗。他皈依救護陀羅尼，非常努力精進，而且慈悲心重，對待一切眾生，猶如母親疼愛兒子。那時，世界上還沒有佛。那位釋提桓因（諸天之主—帝釋天）的壽命快要到盡頭。他忍不住心想：那裡有佛，或一切智人？才使他到處打聽，最後依然難解內心的疑問。這時，他才知道世上原來沒有佛，只好趕快返回天界，愁眉不展地坐著。半晌，一位善巧的變化師——毗首羯磨天跑來問說：「天主呵！你爲什麼悶悶不樂呢？」

尸毗答說：「我到處找尋一切智人，始終不見蹤影，才會愁眉苦臉。」毗首羯磨說：「有一位偉大菩薩，眼前具備布施、持戒、禪定和智慧。不久，他一定會成佛。」

帝釋天（釋提桓因）聽了作偈答說：

「菩薩的偉大發心，魚子和菴樹花，以上三者雖然產生因的時候頗多，奈何成就果的時候很少。」

毗首羯磨答說：「這位出身優尸那族的尸毗王，具有持戒、精進、大慈、大悲、禪定與智慧，不久會成佛的。」

釋提桓因告訴毗首羯摩說：「那麼，我們不妨去試試看。了解那位菩薩到底怎樣？你化身成鴿，我變化做鷹。你故意害怕，跑進國王的腋下，我在追趕你。」

毗首羯摩說：「這位偉大的菩薩怎會爲這種芝麻小事煩惱呢？」

釋提桓因作偈語說：

「我也不會心存惡意，真金一定要試看看。

藉此考驗一下菩薩，意圖了解他的心是否安定了？」

偈語說完，毗首羯磨即刻搖身一變，化成一隻紅眼紅腳的鴿子。釋提桓因也自動把身體變成一隻老鷹，迅速騰空去追趕鴿子。鴿子向前猛飛，進入國王的腋下，全身驚恐顫抖，雙眼轉個不停，發聲叫喊。

這時有一大羣人在互相交談。

「這位國王的心地非常仁慈，衆生很信任他。

甚至連這隻小鴿子，也皈依國王，猶如走進自己家裡一樣。

菩薩彷彿就是這種形象，想必成佛的日子不會很久了。」

須臾間，老鷹飛到附近的樹上，告訴尸毗王說：「把鴿子還給我，這是我該有的東西。」

國王聽了告訴老鷹說：「我先得到牠了。牠不是你得到的。我當初決心成佛時，就發願要拯救天下所有的生靈了。」

老鷹說：「大王發願要拯救所有的生靈，難道我不包括在所有的生靈裏嗎？那麼，爲什麼不肯同情我，反而搶走我今天的食物呢？」

國王答說：「你要怎樣的食物呢？我已經立過誓願（陀羅尼），天下蒼生，凡來皈依我的，我一定會解救他。你要什麼食物呢？你指出來吧！有没有可以取代的東西？」

老鷹說：「我要剛剛殺好，既新鮮，又熱烘烘的肉類。」

國王說：「這種東西可就難了。因爲自己若不動手去殺，自然就没有辦法得到。我總得設法殺一個類似的給他才行。」他左思右想，終於有了計較。只聽國王自作偈語說：

「我身上的肉，終究不離老、病和死的結局。它不久必定會腐爛，他一定要我的，那麼，我乾脆把身上的肉割下來給牠吧。」

一想到此，他叫人拿刀來，親手割下大腿的肉，遞給老鷹。

老鷹告訴國王：「雖然，大王給我一塊熱烘烘的肉吃，但，一定要合道理。希望這塊肉的輕重要跟鴿子一樣，不要隨便敷衍我。」

國王說：「既然如此，我就秤一下給你看。」

把肉和鴿子用秤子一秤時，看到鴿子的身體漸漸沈重，國王的肉漸漸輕起來。國王又讓叫人把自己兩腿的肉割下來，不料，還是輕微不夠重量。之後，又割下兩隻脚後根、兩邊臀部、乳房、膝、頸和背部，最後，全身的肉都割完了。但是，鴿子的身體仍然比較重些，國王的肉反而更輕了。在這種情況下，侍臣和親近只好掛起帳幔，把一大羣看熱鬧的人隔開，目的是不讓他們看到國王變成這個模樣。

誰知尸毗王卻表示：「不要限制他們。」

國王公然允許他們前來看熱鬧了。接著，他作偈說：

「天、人或阿修羅，不妨全都來看看我吧！

我懷有雄心和無上的志願，藉此追求成佛之道。若能追求成佛之道，就要忍受巨大的苦惱。若無堅決的心志，乾脆放掉成佛的意念算了。」

須臾間，國王手上染滿鮮血，意圖用力爬到秤子上。因爲他決心要用整個身體跟鴿子比較重量。

老鷹說：「大王呵！這到底是怎麼回事呢？我實在不懂。您爲什麼要這樣做呢？乾脆把鴿子還給我，不就行了嗎？」

國王說：「鴿子好不容易跑來皈依我。我不論如何不能給你。我奮不顧身也不能失去牠，因爲我現在打算用我這個身體追求成佛之道。」

國王說話間，用手企圖爬到秤子上。不料，這位菩薩的肉已經割完，筋也被割斷，一直無法支撐自己的身體，縱使有意爬上去，反而跌下來。他心裡不斷自責說：「你自己得堅決站起來。不能迷惘惆悵，天下蒼生已經掉到憂愁與苦悶的海裡了。你自己要立誓，拯救芸芸衆生。你怎麼可以懈怠苦惱呢？眼前的痛苦還不算多，地獄的苦惱才多著呢。眼前的痛苦，若跟地獄的苦惱比較的話，還不及它的十六分之一。如今，我有智慧，既精進、持戒，且得禪定，還要受這樣的苦；何況，地獄裡都是沒有智慧的人呢？」

談話間，菩薩一心一意要爬上去，果然好不容易爬到秤上，向人說：「幫幫忙吧！」不消說，菩薩這時的心意已定，毫無後悔。諸天、龍王、阿修羅、鬼神、人民，無不大聲讚嘆，說：「他竟肯爲一隻小鳥這樣吃苦，真是絕無僅有。」

此時，大地突然起了六種震動，海浪洶湧，枯樹生華，天下香雨，散落名華。天女唱歌讚嘆，說這位菩薩必能成佛無疑。

半晌，四方神仙紛紛前來，讚嘆：「這才是真正菩薩。他一定很快會成佛。」

於是，老鷹向鴿子說：「果然試探出來，他不惜犧牲身命。這才是真正的菩薩。接著，又作偈說：

「從慈悲的大地下，長出一切智的樹芽。

我們應該供養你，不會把憂愁煩悶加諸給你了。」

毗首羯磨（天）向釋提桓因說：「天主呵！你的神通廣大，請把國王的身體復原起來好嗎？」

釋提桓因說：「這種事情不需要我了。國王會自己完成誓願，必生歡喜，不惜身命。讓萬物感動，如願達到成佛之道。」

帝釋天（釋提桓因）告訴眼前這位人間之王，說：「你割肉很辛苦，內心能不苦惱嗎？」

國王說：「我滿心歡喜，一點也不苦惱。」

帝釋天說：「誰相信呢？」

這時，菩薩完成了真正的誓願，說：「我雖然由削肉流血，也不會瞋恚苦悶，只知一心追求成佛之道。我的身體當然會很快恢復原貌。」

說話間，他的身體立刻復原了。人、天看到無不歡喜，感嘆這種事情未曾有過：「這位偉大的菩薩必定會成佛。我們應該衷心地供養他，但願他很快能夠成就佛道。請他能念念不忘我們的存在。」

說完後，釋提桓因和毗首羯磨，才各自回到天上去。（卷四、《大正藏》八七頁下段——八八頁下段。）

須陀須摩王的故事

從前有一位須陀須摩王，既肯精進，又能持戒，習慣實話實說，說到做到。一天清晨，他坐車率領一羣宮女，要到園裡來遊戲。

國王一行出了城門，看見一名婆羅門走過來求乞。他告訴國王說：「大王實在是有大福大德的人，我這一身貧困落魄，請您同情我，多少賜些東西給我好嗎？」

國王說：「我明白了，我會尊敬你，誠如你剛才的話，我一定會奉上相當的布施，但是，你要等我回來。」

國王說完話，就進入園裡洗澡、遊玩。不料，一隻雙翼的巨鳥，名叫鹿足，在天空飛翔，從宮女中裡把國王挾起來飛走了。那種樣子無異金翅鳥，從海裡把龍王劫走一般，事出突然，害得宮女們失聲痛哭了。此事不僅驚動整座花園，連城內城外都掀起巨大的騷動，大家驚慌哀叫起來。且說鹿足鳥挾起國王，躍上天空，一直飛回自己棲息的地方。國王早已嚇得全身發抖，而且被放在先前被捉來的九十九位國王裡。此時，須陀須摩王傷心得淚如雨下。

鹿足王不禁問他：「你這位王族的大王呵！怎麼哭得像小孩子一樣呢？人有生必有死，相逢也必有離別，你應該要看得開。」

須陀須摩王答說：「我不是怕死，而是很怕失信。因爲我有生以來，不曾撒謊過一次。今晨我出了城門，看見一位婆羅門走來，跟在我後面求乞布施。我答應他說，回來後一定會布施。誰知世事無常，怪我考慮不週到。對他很抱歉，才招致欺騙之罪。我哭泣純粹爲這項原因。」

鹿足王說：「你既然心裡害怕自己打妄語，那麼，我特別允許你回去七天。讓你向婆羅門布施，之後，馬上趕回來。倘若七天過去還沒有回來，我有雙翼的力量，捉你回來毫無困難。」

須陀須摩王終於回國去，如願布施過了。之後，他立太子爲王。同時，向聚集的人民懺悔，說：「我的智慧不能行事，也不曾用正法統治國家。希望大家能夠寬恕。現在，我這個身體已經不屬於我，我要走了。」

不料，舉國上下，包括百姓和親戚，無不叩頭挽留國王，說：「大王呵！請您寬心，儘可把慈悲放在這個國家。無須憂慮那個鹿足鬼王。我們一定會準備奇兵和鐵屋。縱使鹿足是神仙，我們也不怕牠。」

國王說：「不能這樣做，千萬不可魯莽。」接著作偈說：

「說老實話是第一條戒，也是昇天的階梯。

老實話的聲音雖小，意義却很重大。妄語會下地獄。

我現在要遵守老實的話。我寧可放棄這條性命。

既使這樣，我心裡既不後悔，也不懷恨。」

一想到此，國王即刻出發離去，回到鹿足王的住所。鹿足遠遠看見他來，喜不自禁地說：「你果然說老實話，沒有失信。世人全都珍惜生命。本來，你能夠死裡逃生，還肯守約回來，令人難以置信。你這個人真了不起。」

須陀須摩王聽了讚嘆誠實的話，說：「惟有說實話才算人，否則，根本不能算人。」同時，他不斷稱讚實話實說，也竭力指責撒謊和妄語。

鹿足聽了信心清淨，馬上向須陀須摩王說：「你說得很對。現在，我就放走這一大羣捉來的國王。不消說，你早就能走了。這九十九位國王布施給你好了，讓你們如願回國去吧！」

牠說完話後，這一百位國王便紛紛回到祖國了。（卷四、《大正藏》八九頁上段、中段）

佛的金色相

若把鐵塊放在黃金旁邊，就顯不出光輝。現在的黃金，若跟佛時代的金塊比較，也顯不出光輝。佛時代的黃金，若跟閻浮那河的金子比較，也顯不出光輝。閻浮那河的金塊，若與海裡轉輪聖王道上的砂金比較，也顯不出光輝。如將砂金與金山比較時，也顯現不出光輝。如將金山與須彌山比較時，也顯不出光輝。若把須彌山的金塊，跟三十三天的瓔珞金子相比，也顯不出光輝。若將三十三天的瓔珞金，跟炎摩天的金子相比，也顯不出光輝。若把炎摩天的金子與兜率陀天的金子相比，也顯不出光輝。若把兜率陀天的金子，跟化自在天的金子相比，也顯不出光輝。若把化自在天的金子，跟他化自在天的金子比較，也顯不出光輝。若把他化自在天的金子，跟菩薩身上的金色比較時，也顯不出光輝。（卷四、《大正藏》九十頁中、下段）

過去佛——菩薩

自從這位菩薩完成第二阿僧祇的劫行以後，還沒有進入第三阿僧祇。在然燈佛（燃燈佛）時，菩薩接受了將來能夠覺悟成佛的證言，於是，他馬上飛到空中，看到十方諸佛。他就在空中讚嘆起然燈佛了。

然燈佛說：「你只要過了第一阿僧祇劫，就會成佛，名叫釋迦牟尼。」這就是菩薩得到將來成佛的證言。事實上，他當時還不是菩薩，這不是天大錯誤嗎？

迦旃延尼子的弟子們，紛紛指出：「在第三阿僧祇劫裡，不但還沒有佛的跡象，連佛的跡象因緣都尚未培植。那麼，爲何知道他就是菩薩呢？原因是，所有的法，都先有跡象之後，才知道實況。如果沒有跡象，就無法知道。」

且說一個叫做摩訶衍的人，反駁說：「若能接受將來會覺悟成佛的證言，飛到空中，看見十方諸佛，這不是頂偉大的跡象嗎？從佛口裡得到將來

開悟的證言，證言表示他將來必能成佛。」（卷四、《大正藏》九一頁下段——九二頁上段）

難陀的故事

難陀具有三十相……

難陀希望將鞞婆尸佛沖洗，自己才能得到清淨端正。同時，在一個辟支佛（獨覺或緣覺）的塔裡，用黛墨塗在壁上。劃出一副辟支佛的像，藉這因緣，他才發願說：「我希望永遠得到金色的身相。」另外，他又在迦葉佛（過去七佛的第六佛）的塔裡，造了階梯。基於以上三種福的因緣，他才能世代享受福樂，不論出生何地何時，都能端莊清淨。

由於這些福德的餘澤，他才能出生在迦毗羅婆的釋迦族，做為佛弟子，得到三十種大人相。他生來清淨端正，出家證得阿羅漢果了。佛說過：「在五百位弟子裡，難陀比丘端正第一。」（卷四、《大正藏》九二頁上段）

三世諸佛

《長阿含經》是小乘佛教的聲聞法，裡面提到毗沙門王，他有一天作偈稟告佛說：

「我向過去、未來、現在諸佛低頭作拜，也要皈依釋迦文佛。」

在那部經裡，曾經提到他向過去、未來和現在諸佛，低頭作拜，也說要皈依釋迦文尼佛。從這裡，我們知道現在和其他諸佛的存在。倘若別處沒有佛存在，又如何向以前三世的佛低頭禮拜，之後，還能皈依另外的釋迦文尼佛呢？（卷四、《大正藏》九三頁中段）

無數衆生㈠

佛告訴無盡意菩薩：「譬如十方一切世界，遠到空中的各個角落，總共合計爲一滴水，把無數無量的衆生，全部聚成一絲毛髮，用一絲髮接觸一滴水時，等於一點水滴落下，也可以拿走這一點水滴。現在有無數衆生，跟上述情形一樣，總共聚合爲一絲毛髮，也能拿走落下的一滴水。這樣一來，即使一陣大水全部拿走，一滴也不剩，但是，衆生卻有無窮盡。」（卷五、《大正藏》九四頁中段）

無數衆生(二)

在《不可思議經》裡，有一位在家信徒漚舍那告訴須達那菩薩：「衆菩薩摩訶薩並不是爲了救一個人，才發起無上偉大的正覺之心。也不是爲了兩三個人，乃至十個人。也不是爲了一百個人、一千個人、一萬個人、十萬個人、百萬個人、一億、百億、千億、萬億，甚至億億個人，不是爲了阿由他億個衆生才發心來。更不是爲了那由他億、不是爲阿耶陀的衆生、不是爲了頻婆羅、不是爲了歌歌羅。不是爲了阿歌羅、不是爲了簸加羅、不是爲了波陀、不是爲了多婆、不是爲了鞞婆呵、不是爲了怖摩、不是爲了念摩、不是爲了阿婆迦、不是爲了摩伽婆、不是爲了毗羅伽、不是爲了僧伽摩、不是爲了毗薩羅、不是爲了謂閻婆、不是爲了鞞闍迦、不是爲了鞞盧呵、不是爲了鞞跋帝、不是爲了鞞迦多、不是爲了兜羅、不是爲阿婆羅那、不是爲了他婆羅、不是爲了鞞婆那婆、不是爲了藐寫、不是爲了鈍那耶寫、不是爲了醯婆羅、不是爲鞞婆羅、不是爲了菩遮多、不是爲了阿跋伽陀、不是爲了非泥婆羅、不是爲了醯梨浮陀、不是爲波摩陀夜、不是爲了比初婆、不是爲了阿犂浮陀、不是爲了阿犂薩寫、不是爲了醯云迦、不是爲了度於多、不是爲了呵樓那、不是爲了摩樓陀、不是爲了夜叉、不是爲了烏羅多、不是爲了末殊夜摩、不是爲了三摩陀、不是爲了毗摩陀、不是爲了波摩陀、不是爲了阿滿陀羅。不是爲了婆滿多羅、不是爲了摩多羅、不是爲了醯兜末多羅、不是爲了鞞摩多羅、不是爲了婆羅多羅、不是爲了尸婆多羅、不是爲了醯羅、不是爲了爲羅、不是爲了提羅、不是爲了忮羅、不是爲了翅羅、不是爲了尸羅、不是爲了斯羅、不是爲了波羅、不是爲了彌羅、不是爲了波羅羅、不是爲了迷樓、不是爲了企盧、不是爲了摩屠羅、不是爲了三牟羅、不是爲了阿婆夜、不是爲了劍摩羅、不是爲了摩摩羅、不是爲了阿達多、不是爲了醯樓、不是爲了鞞樓婆、不是爲了迦羅跋、不是爲了呵婆跋、不是爲了鞞婆跋、不是爲了婆婆、不是爲了阿羅婆、不是爲了娑婆婆羅、不是爲了迷羅浮羅、不是爲了摩遮羅、不是爲了陀摩羅、不是爲了波摩陀、不是爲了尼伽摩、不是爲了阿跋多、不是爲了泥提舍、不是爲了阿叉夜、不是爲了三浮陀、不是爲了婆摩摩、不是爲了阿婆陀、不是爲了漚波羅、不是爲了波頭摩、不是爲了僧法、不是爲了伽提、不是爲了漚波伽摩、不是爲了阿僧祇、不是爲了阿僧祇阿僧祇、不是爲了無量、不是爲了無量無量、不是爲了無邊、不是爲了無邊無邊、不是爲了無等、不是爲了無等無等、不是爲了無數、不是爲了無數無數、不是爲了不可計、不是爲了不可計不可計、不是爲了不可思議、不是爲了不可思議不可思議、不是爲了不可說、不是爲了不可說不可說。」

「不是爲了像國土上微塵那樣多的衆生才發心（起無上正覺的心）。不是爲了兩三個，甚至十、百、千、萬、億、千萬億、阿由陀、那由他，以及不可說不可說，好像國土微塵那樣多的衆生才發心。」

「不是爲了一閻浮提的微塵那樣多的衆生才發心。甚至不是爲了拘陀尼、欝怛羅越、弗婆提的微塵那樣多的衆生才發心。」

「不是爲了小千世界、中千世界、大千世界的微塵那樣多的衆生才發心。不是爲了兩三個，甚至十、百、千、萬、億、阿由他、那由他，乃至不可說不可說的三千大千世界的微塵那樣多的衆生才發心。」

「不是爲了供養一位佛，獻上供品才發心。不是爲了供養不可說不可說的諸佛，獻上供品才發心。不是爲了供養一個國土微塵那樣多位佛，獻上供品才發心。甚至不是爲了供養不可說不可說三千世界的微塵那樣多位佛，獻上供品才發心。」

「不是爲了清淨一位佛居住的地方才發心。也不是爲了清淨不可說不可說三千大千世界的微塵那樣多位佛的居住場所才發心。」

「不是爲了受持一種佛法才發心。甚至不是爲了受持不可說不可說三千大千世界的微塵那樣多種佛法才發心。」

「不是爲了不讓一個三千大千世界中的佛種族斷絕才發心。也不是爲了讓不可說不可說三千大千世界的微塵那樣多的三千大千世界中的佛種族斷絕才發心。」

「不是爲了要分別懂得一位佛的願才發心。也不是爲了要分別懂得不可說不可說三千大千世界的微塵那樣多位佛的願才發心。」

「不是爲了美化一位佛的居住場所才發心，也不是爲了美化不可說不可說三千大千世界的微塵那樣多位佛的居住場所才發心。」

「不是爲了要分別懂得一位佛所聚集的衆弟子才發心，也不是爲了要分別懂得不可說不可說三千大千世界的微塵那樣多位佛所聚集的衆弟子才發心。」

「不是爲了受持一位佛所說的法才發心，也不是爲了受持不可說不可說的微塵那樣多位佛所說的法才發心。」

「不是爲了要了解爲一個人所發的各種心。也不是爲了要了解一個人的各種資質。不是爲了要了解在一個三千大千世界的極漫長時代，繼續不斷所發生的事情。不是爲了要分別消滅一個人的各種煩惱才發心。甚至不是爲了要分別消滅不可說不可說三千大千世界的微塵那樣多人的各種煩惱才發心。」

「衆多菩薩摩訶薩都發以下的願念：『希望能夠教化所有十方的衆生，供養所有十方諸佛，獻上供品，但願清淨一切諸佛居住的場所，心意堅定，能夠受持所有十方諸佛的法。』尤其，這些菩薩摩訶薩爲了分別了解所有諸佛居住的場所，爲了知曉所有諸佛的衆弟子，爲了分別了解所有衆生的心，爲了知曉所有衆生的諸多煩惱，爲了知曉所有衆生的許多資質，諸位菩薩都發心要成就無上偉大的正覺。以這十種法門爲首，乃至有百、千、萬、億、阿僧祇等法門，這些當做道的法門。菩薩必須要了解，也必須要深入。如要簡述以上的內容，就是上面的情況。諸位菩薩的正道，就是大家都進入所有諸法裡，全都能領悟明白。因爲那是靠智慧才知道，也因爲所有佛的地方，在菩薩道裏，都得到裝飾美化的緣故。」

漚舍那說：「傑出的朋友呵！我盼望的地方是，因爲有上述的世界存在，所有衆生全都很清淨，一切煩惱全都能消滅。」須達那說：「這叫做什麼解脫呢？」漚舍那答說：「這叫做無憂安穩幢，我知道這一種解脫法門。」（卷五、《大正藏》九四頁中段——九五頁中段）

讚佛

佛告訴阿難說：「依過去世與未來世，永遠脫離六十二種邪見的網，就是甚深法。」

佛告訴比丘說：「凡夫無智，縱使想要讚揚佛，但他讚揚的地方非常有限。那就是，讚嘆佛受持的戒清淨，或者讚嘆佛遠避許多慾望，或讚嘆那套極深奧、又極難理解的法。然而，這也是平實的做法。」

這類事情在《梵網經》裡說得很多。（卷五、《大正藏》九九頁上段）

魔的十軍

在《雜法藏經》裏，佛曾經作偈告訴魔王説：

「欲望是你的第一軍，憂愁是第二軍，
飢渴是第三軍，渴愛是第四軍。
第五軍是睡眠，第六軍是恐怖，
疑悔是第七軍，瞋恚爲第八軍。
第九軍是貪財利益自己，也想要妄得虛名。
第十軍是自傲與輕蔑別人。
你的軍隊如同上述，所有世人以及諸天，都不能擊破他們。
我用智慧的箭，修持禪定與智慧之力，能夠逐一打敗你的魔軍，彷佛用
瓶子的土坏，沈没到水裡一様。
專心修持智慧，才能藉此解救一切。
我的弟子努力精進，内心常想修持智慧，

隨順實踐真理的法，必能到達涅槃裡。

雖然不想驅逐你，也能到達你不能到的地方。」

魔王聽了，長嘆一聲之後，所有的憂愁立刻消失了蹤影。須臾間，惡魔的同伴們也跟著消失了蹤影，不再出現。（卷五、《大正藏》九九頁中、下段）

劫

關於劫的意思，佛曾打個譬喻說明：「像一座長達四十里的石山上，有一個長壽的人，每一百年，拿一件細軟的衣服來，鋪蓋這座石山。這樣鋪著走著，直到將這座巨大的石山鋪滿了，劫也仍然持續不斷。或者說，一座四邊各有四十里的大城，裡面藏滿芥子，令一位長壽的人，每一百年，拿走一顆芥子。結果，芥子即使不剩半個，劫也仍舊繼續不斷。」（卷五、《大正藏》一百頁下段）

無明與幻象

《德女經》上有一段記載：

德女稟告佛說：「世尊呵！無明這種東西是在裡面的嗎？」

佛答說：「不在。」

「那麼，它是在外面的嗎？」

佛答說：「也不在。」

「不在裡面，也不在外面嗎？」

佛答說：「都不在。」

「世尊呵，無明是前輩子留下來的嗎？」

佛答說：「不是。」

「那麼，它是從這輩子傳到下輩子的嗎？」

佛答說：「不是。」

「無明有沒有生滅呢？」

佛答說：「沒有。」

「一種法有它決定的實體，這是不是叫做無明呢？」

佛答說：「不是。」

半晌，德女再度稟告佛說：「如果無明不在內，也不在外，亦不在內外，同時，它不是從上輩子傳到這輩子，也非從這輩子傳到下輩子，更非真正實體的話，那麼，爲什麼在十二因緣裡，會從無明起，以它爲機緣而產生行，同時出現諸多苦惱呢？世尊呵！譬如所有樹木，如果沒有根，怎麼可能生出莖、節、枝、葉、花和果實呢？」

佛答說：「許多法的實相雖然是空（沒有實體），無奈，凡夫既聽不懂，也無智慧，才會因此產生各種煩惱。由於這種煩惱的因緣，才會造出身、口、心的活動，由於這些活動因緣，才會造出投胎轉世的下一個身體，由於這種投胎轉世的下一個身體的因緣，才會產生那種受苦受樂的結果。在這種經過裡，實際上並沒有製造煩惱的情況。所以，既無造出身、口、心的活動，也無受苦受樂的情形。譬如魔術師以幻象方式造出各種東西一樣。倘若遇到這種情形，你的想法如何呢？以這種幻象方式造出的東西，到底是在裡面嗎？」

德女答說：「不在。」

「那麼，它在外面嗎？」

「不在。」

「它在裡面，也在外面嗎？」

「都不在。」

「從上輩子傳到這輩子，從這輩子傳到下輩子嗎？」

「不是。」

「以幻象方式造出來的東西是活的？還是死的呢？」

「都不是。」

「實際上是一種法，它以幻象方式造出東西嗎？」

「不是。」

佛說：「你經常看見，或聽見以幻象方式造出玩藝來嗎？」

德女答說：「我曾經看過，也曾經聽過。」

佛問德女說：「如果幻象是空、虛假、欺騙或沒有實體存在的話，爲什麼可能從幻象造得出玩藝來呢？」

德女稟告佛說：「世尊呵！雖然這種幻象實相根本不存在，但卻能聽得到，也能看得到。」

佛說：「無明也跟這個一樣。既非裡面的東西，也非外面的東西，更非在裡面及外面。它既非從上輩子到這輩子，或從這輩子到下輩子，亦非實體，或有生滅的東西存在，但它卻靠無明的因緣而生諸行，乃至聚集許多苦惱。幻象一旦停止，以幻象形式所造的景物也會消失；同樣地，無明也不例外，無明終止時，行也會結束，甚至諸多苦惱的聚集也會窮盡。」（卷六、《大正藏》一〇一頁下段——一〇二頁上段。）

※・無明、行、識、名色、六入、觸、受、愛、取、有、生、老死等叫做十二因緣。

乳與酪

在乳裡，倘若從開始就有酪的存在，那麼，乳不是酪的因，那是因爲已經有了酪存在。倘若從開始就沒有酪的存在，那是因爲水裡沒有酪存在，同樣地，乳也不是酪的因。倘若乳不存在而有酪存在時，那麼，在水裡爲何不會產生酪呢？縱使乳是酪的因緣，那麼，乳本身也非單獨存在，乳也會藉因緣而產生。換句話說，乳是靠牛才存在，牛靠水草養活。由此可見；所有因緣的無限擴大與存在。（卷六、《大正藏》一〇四頁下段——一〇五頁上段）

文殊師利的故事

在《文殊師利本緣經》裡，有以下一段說明：

文殊師利稟告佛說：「尊者呵！我上輩子經過了無限漫長的時間。當時有佛名叫師子音王。佛與衆生的壽命都長達十萬億那由他（那由他等於千億）歲。佛靠三乘（聲聞乘，緣覺乘，菩薩乘）來救度衆生。該國的國名叫做千光明，國境裏種植許多樹，全都成了七寶，從樹裡會傳出無量清淨的法音：空、無相、無作、不生、不滅，和無所有的音。衆生聽了，從內心開始理解，以至得道。當時，師子音王佛最先聚集羣衆說法時，就有九十九億人證得阿羅漢果，菩薩們也一樣。所有菩薩都領悟不生不滅的法，然後得到安祥的境界，進入各種法門，看見無量諸佛，也向諸佛恭敬供養，經常救度無量無數的衆生，獲得無量的陀羅尼門，和各種無量的三昧。開始發心，新進入道門的菩薩，爲數多得幾乎算不出來。佛住的地方莊嚴無量，那種情狀嘴巴說不完。有時候，佛教化結束，就進入涅槃了。佛說的法停留了六萬年，只是從樹林裡傳出的法音，卻再也不曾出現了。」

「當時有兩位菩薩比丘在世。第一位名叫喜根，第二位名叫勝意。喜根是法的體驗者，身體動作實在誠懇，不忽視世間法，同時，也不分善惡。喜根的弟子很聰明，喜歡佛法，愛聽法的深刻意義。喜根師父既無稱讚特別寡欲知足的情形，也不讚嘆行戒的頭陀（不貪著衣食住的實踐者），只知專心宏揚諸法實相很清淨。他曾向一羣弟子說：『一切諸法不外是淫欲、瞋恚，和愚癡的表現。諸法的相，即是這種諸法的真實相，其間毫無障礙。』他用這種方便教導弟子，讓他們進入一相智了。那時有許多弟子，走進人羣裡，既不生氣，也不會懊悔。因爲內心不會懊悔，才能對衆生表現堅强的忍耐；由於對待衆生的耐性極强，才能對法表現很强的耐力。在真實的法裡，好像一座山峯一樣不會動搖。」

「另一方面，那位勝意也是法的體驗者，他很清淨守戒，實踐十二種頭陀行，獲得四禪、四無色定（覺悟的最高境界）。但是，勝意的門徒，資質拙劣，其中不乏要分辨什麼是清淨？什麼是不淨？此時，內心還一直在搖動。

有一次，勝意走到一個聚落裡，到了喜根的一位弟子家去。坐在坐禪的地方，竭力稱讚守戒、寡欲知足、實踐頭陀行，到寂靜地方靜靜地打坐等問題，相反地，他卻誹謗喜根，惡言惡語：『他說法教人，卻讓對方陷入錯誤的見解裡。這是說淫念、瞋恚、愚癡等無礙，跟這些息息相連的相。這是混雜閉塞的做法，不夠純粹清淨。』這位弟子的資質卓越，馬上得到了對法的堅强耐力。他向勝意說：『尊者呵！這種淫欲之法到底叫做什麼相呢？』勝意答道：『淫欲是煩惱之相。』那位弟子問：『淫欲的煩惱是在裏面呢？還是在外面呢？』勝意回答：『淫欲的煩惱既不在裡面，也不在外面。如果在裡面，就不一定需要等待外面的因緣才會發生。如果在外面，等於什麼都沒有，不可能來困擾我們。』喜根那位在家弟子說：『如果淫欲既不在裡面，也不在外面，或者也非來自東西南北四方，四方的中間與上下任何地方的話，縱使到處找尋真實之相，也不可能得到。這個法就是不生不滅。如果沒有生滅之相，那就是空，我無所有。這樣的東西怎會困擾世人呢？』勝意聽了，心裡既多歡喜，也不能回答。他只好從座上起立，透露一句話：『喜根常常欺騙許多人，引人走入歧途。』」

「這位勝意菩薩也不曾學過音聲陀羅尼。一聽到佛說的話，立刻歡喜雀躍，一聽到外道的話，馬上會憤怒。如果聽到三種不善（貪、瞋、癡），不會原原本本地歡喜或快樂，如果聽到三種善，就會原原本本地歡天喜地。如果聽到佛說生死即世間的事情，他會馬上憂愁，一聽到涅槃，他會立刻歡喜。」

「勝意從那位喜根的在家弟子家裡，來到密林之間，走進一間精舍。他向一羣比丘說：『你們必須要明白，喜根菩薩不斷在撒謊；欺騙世人，讓許多人進入邪惡裡。因爲他正在說明淫欲、瞋恚和愚癡的相，以及一切諸法無礙，有連繫等相。』此時，喜根的心裡尋思：『因爲勝意太生氣，才會被惡業覆蓋著，將來必定會陷入重罪裡。我想現在要說極深妙的法。即使現在得不到，到後世也會締結佛道的因緣。』這時候，喜根召集一羣出家人，專心說出下面的偈語：

『淫欲即是道。憤怒與愚癡也一樣。
在這三件事情裡，存在無量諸佛之道。
倘若有人從道上別離淫欲、瞋恚、愚癡，根本把那些當做另外的東西。
那麼，他等於遠隔了佛，無異天地之隔。
因爲道和淫欲、瞋恚及愚癡，屬於同一法，彼此平等。

如果有人聽了上面的話覺得惶恐，那麼，他距離佛道就非常遙遠了。淫欲之法不生不滅，不會讓人心煩。

倘若有人一直在考慮自己，此時，淫欲才會開始進入惡道。

看來有與無之法彼此不同，那是沒有脫離有與無。

如果知曉有與無是平等，才會圓滿地超越有與無，成就佛道了。』

從這首偈語開始，共計說出七十餘首詩偈了。當時，有三萬諸天子，領悟了不生不滅之法，獲得安寧的境界。又有一萬八千位聲聞，由於不執著一切法，才會全部得到解脫。」

「此時，勝意菩薩當場陷身在地獄底下，嚐到無邊苦楚，長達千萬億年。之後；出生到芸芸衆生裡，但在七十四萬世代期間，一直受盡誹謗，在無限漫長期間裡，不曾聽到過佛的名號。接著，罪孽逐漸減輕，到了好像能夠聽到佛法時，他去出家修道了。但他放棄戒行。這樣一來，在長達六萬二千世代期間，他經常捨棄戒行。在無量世代期間，他做了出家修行者，雖然沒有棄戒，但有資質遲鈍笨拙。」

「相反地，喜根菩薩目前在東方，經過十萬億位佛居住的地方，終於成了佛。這個地方叫做寶嚴，這位佛名叫光踰日明王。」

文殊師利說：「當時的勝意比丘，就是我自己。我仔細察過那時飽嚐的無量苦惱。」

文殊師利又說：「如果有人不想尋求三乘之道，飽受許多苦惱的話，就決不要指責諸法之相，心裡懷有瞋恚。」

佛問文殊師利說：「你聽到許多詩偈，得到了那些利益呢？」文殊師利答說：「我聽了這些偈語，就能斷盡許多苦惱，世代相傳，得到資質卓越的智慧，才能了解深妙大法，巧妙地說出深刻的意思，終於能在一羣菩薩裡鶴立雞羣而爲智慧第一。」（卷六、《大正藏》一〇七頁上段——一〇八頁上段）

念佛的功德

從前，有五百名商人搭船出海去尋寶。有一次，他們在海上碰到一隻魚王——摩伽羅，這條魚王一開口，海水就會自然湧向牠的口裡，船隻也非常迅速被吸往那個方向去。船長就向木架上的人打聽：「你看到什麼沒有？」對方回答：「我好像看見三個太陽出現，白色的山峯並排著，水勢正急速流往那個地方，湧進一個大洞穴裡。」船長說：「那是因爲有一條摩伽羅魚王開口的緣故。一個是實際的太陽，另兩個太陽是魚的兩眼，白色山峯是魚的牙齒。水勢所以會迅速流到那個地方，就是要沖進牠的嘴巴裡。我們已經沒有辦法了，諸位只好求助天神，央求他們伸出援手吧！」果然，大家紛紛向自己信守的神明求救，可惜，全部無濟於事了。

其中，有一位受持五戒的優婆塞（在家的佛教徒），出聲告訴大家：「從現在開始，我們不妨一齊唸唱：『南無陀彌陀佛』。因爲佛是無上的存在，能把我們從危難中救出來。」於是，衆人誠心唸唱「南無阿彌陀佛」了。

事實上，這條魚在前世曾經是佛的破戒弟子，他擁有一種洞悉自己命運的智慧了。現在聽到大家唸佛的聲音，心裡自覺懊悔，大徹大悟，立刻把張開的大口閉緊，終於讓船上的商人免於災難了。

上述的內容是，靠唸佛除去重罪，終於能夠脫離苦難的事實。（卷七、《大正藏》一〇九頁上段。）

佛的出現與說佛

《法華經》裡有一位多寶世尊，不曾受過衆生的邀請，就很快進入涅槃了。之後，化佛的身體以及七寶塔突然出現，目的在明白解說《法華經》。

須扇多佛在弟子尚未完成正行之際，居然丟下弟子進了涅槃。在一劫的漫長時期裡，停留爲化佛，藉此救度衆生。

目前，這位釋迦文尼佛在得道後的五十七天裡，寂靜地不曾說法。他自己說：「我悟得的法非常深奧，很難理解，也不易知曉。因爲芸芸衆生被世俗的法綁住，才不能了解。勿寧說，我默默地享受涅槃的樂趣，不是更好嗎？」

此時，一羣菩薩和釋提桓因、梵天王、諸天，都向佛合掌敬禮，央求佛出來向天下蒼生初轉法輪（最初說法）。這時候，佛仍然沒有說話，但卻接受他們的央求。之後，佛到波羅柰的鹿林裡，才好像輪子一樣到處宏揚自在的佛法。（卷七、《大正藏》一〇九頁中、下段）

念力

且說在佛出世時代有三個漢子——老大、老二和老么。他們都聽說遠處有三位名妓，一位名叫菴羅婆利，住在毗耶離國，第二位名叫須曼那，住在舍婆提，第三位名叫優缽羅槃那，她住在王舍城。有一次，三個漢子各自從別人口裡聽到大家對這三位貌若天仙，身材健美的妓女，讚不絕口，三個漢子忍不住爲她們神魂顛倒，晝夜思念，片刻也不能拋棄她們的事跡。於是，他們終於在夢境裡，跟她們有了關係。夢裡醒來，他們心想：「那個女人既不曾來到這兒，我也沒有去過她們那裡，居然能夠有男女關係。」從此，他們忽然覺悟，一切諸法不是全都這樣嗎？

於是，三個漢子出去拜訪颰陀婆羅菩薩，談起這件事情。颰陀婆羅回答說：「其實，諸法正是這樣，全都從心念產生。」接著，菩薩特地用各種方便爲他們說明諸法皆空的道理。此時，三個漢子即刻證得不退轉的菩薩果位。（卷七、《大正藏》一一〇頁中段。）

在家菩薩與出家菩薩

經裡列舉二十二位菩薩：

一、颰陀羅菩薩
二、剌那伽羅菩薩
三、導師菩薩
四、那羅達菩薩
五、星得菩薩
六、水天菩薩
七、主天菩薩
八、大意菩薩
九、益意菩薩
十、增意菩薩
十一、不虛見菩薩

十二、善進菩薩
十三、勢勝菩薩
十四、常勤菩薩
十五、不捨精進菩薩
十六、曰藏菩薩
十七、不缺意菩薩
十八、觀世音菩薩
十九、文殊尸利菩薩
二十、執寶印菩薩
二十一、常舉手菩薩
二十二、彌勒菩薩

註釋以上二十二位菩薩者爲「論」

其中，包括兩種菩薩，就是在家與出家。像善守等十六位菩薩，就是在家菩薩。颰陀婆羅是在家的菩薩，他在王舍城住了很久。寶積是一位王子菩薩，是毗耶離國人。星得菩薩是一位長者的兒子，他是瞻波國人。導師是一位在家菩薩，是舍婆提國的人氏。那羅達菩薩出身婆羅門，係彌梯羅國人氏。水天菩薩是一位在家信徒。慈氏（即彌勒菩薩）與妙德菩薩是出家菩薩。觀世音菩薩是從別處的佛居住地方來的。（卷七、「經」是《大正藏》一一〇頁下段、「論」是一一一頁上段）

笑

笑有各種因緣，有人歡喜才笑。有人憤怒才笑。有人輕蔑別人才笑，有人看見難得的事情也會笑。看見應該難爲情的事也會笑。看見特殊地區的奇風異俗也會笑，看見絕無僅有的難處也會笑。

現在，佛經要說的是，簡直没有比這個更艱難的事情。即諸法的相是不生不滅，真空、無法用文字、名稱或言語說得出來，但是要用語言爲衆生講解，便於他們得到解脫，這是最困難的事情。情況好像百由旬（一由旬的等於一天行程）的大火在燃燒，某人揹著乾草往前走，經過火裡，連一片葉子也没有燒到一樣。這實在是非常不容易的事情。佛也跟這個一樣，雖然擁有八萬種法，其名目多得像草，但是他嘗試進入諸法的真實相裡，而不要被執著的火燒著，通行無阻。這是相當不容易，由於此事困難，佛才笑了起來。（卷七、《大正藏》一一二頁下段——一一三頁上段）

三千大千世界

佛在《雜阿含經》裡，詳細分別解說：「一千個太陽、一千個月亮、一千個閻浮提、一千個瞿陀尼、一千個欝怛羅越、一千個弗婆提、一千個須彌山、一千個四天王的場地、一千個三十三天、一千個夜摩天、一千個兜率陀天、一千個化自在天、一千個他化自在天、一千個梵世天、一千個大梵天，以上稱爲小千世界，名叫周利。以周利的一千個世界爲一，從一數到千，這叫做二千中世界。以二千中世界爲一，從一數到千，這叫做三千大千世界。開始的一千叫做小，中間的二千叫做中，第三個千叫做大千。因爲千與千的數量重複，所以叫做大千。同時，因爲經過二次又回到一千，才會叫做三千。以上全部聚集起來，叫做百億個太陽與月亮，乃至百億個大梵天，這些叫做三千大千世界。」（卷七、《大正藏》一一三頁下段）

四條大河

佛出世閻浮提了。閻浮提的四條大河是，從北方的邊地流出，注入四邊的大海裡。在北方邊地的雪山上，有一個阿那婆達多池。在池塘裡，浮著金色的七寶蓮華，大小如車蓋。池裡住著阿那婆達多龍王，乃是七住大菩薩。

池塘四邊有四條水流，東邊是象頭，南邊是牛頭，西邊是馬頭，北邊是師(獅)子頭。恆河發源於東方的象頭，緩緩流出，河底藏有沙金。辛頭河發源於南方的牛頭，河底仍有金沙。婆叉河從西方馬頭開始流出來，河底也藏有金沙。私陀河發源於北方的師(獅)子頭，河底也有金沙。

這四條河全部都從北邊山裏流出來的，恒河從北山流出，注入東海。辛頭河從北山流出注入南海。婆叉河從北山流出，注入西海，私陀河源自北山，注入北海。在這四條河流裡，以恒河最大。根據四方遠地的許多人的經書上說，全都認爲恒河具有福德，只要能夠到恒河裡，洗個身體，就能夠除去身上負的罪惡與污汙了。(卷七、《大正藏》一一四頁上段)

佛知道樹葉的數量

有一次，佛坐在祇桓外一座密林的樹下。有一位婆羅門走過來，到了佛面前，問佛：「這座樹林有多少片葉子呢？」佛不假思索，即刻答說：「有若干片的葉子。」婆羅門心裡懷疑：「誰會確實明白這些數量呢？」

婆羅門離開，走向一棵樹的角隅，把這顆樹上的葉子摘下一部份暗藏起來。他回到佛的身邊，又問道：「在這座樹林裡，嚴格說來有幾片樹葉呢？」佛馬上回答，說道：「現在，的葉子減少了若干片。」並說出了婆羅門暗藏的樹葉數量。婆波羅門一聽，心裡由衷地敬佩，才對佛的說話相信不疑，同時，他向佛央求自己要出家，後來，他證得阿羅漢的果位了。（卷七、《大正藏》一一四頁中段）

佛的廣長舌相

從前，佛在舍婆提國講完《受歲經》後，阿難跟著佛，週遊列國，有一次，他們快到一座婆羅門居住的城市。那座城主知道佛有浩瀚的威德，也能教化更多人民，讓他們都能心生感動，倘若佛來到這裡，大家都皈依了佛，那麼，誰還會來敬佩自己呢？他耽心誰也不再重視自己，一想到此，他就下令通告：「誰若贈食物給佛，誰若聽從佛說的話，就要課五百錢稅金。」

這項通知頒佈之後，不久，佛到了這座城市。佛帶著阿難，托鉢進城去化食了。不料，城裡的居民全都關閉家門，誰也不理會。結果，佛托著空鉢出城去了。

這時候，有一個家庭的老女傭出現了。只見她端著一個泥碗，裝滿臭氣衝天的粥走出來，她剛要把手上的東西丟到門外。剛好看到佛世尊空著鉢走過來。這個老邁的女僕目睹佛的端莊姿態，金光閃閃的樣子，白毛、肉髻和一丈光芒，而且，鉢裡空空，沒有食物，她心想：「這位莊嚴的人，一定要吃上天的食物。現在，他親自從天而降，托鉢行乞，我想這正是大慈大悲，體恤萬物的緣故。」

她湧起一陣信仰的清淨心，意欲供養些佳餚。無奈，她不能如願準備，心裡很難爲情，只好稟告佛，說：「雖然，我很想設齋供養您，可是，我現在手上什麼也沒有，眼前只有些粗糙的食物，如果佛不嫌棄，您就請便吧！」

佛知道她的心充滿信賴，恭敬和清淨，就伸手托鉢，收下她要布施的食物了。

這時候，佛微笑地放出五色光芒，照遍天地，接著再從眉間收回這道光芒了。阿難雙手合十，跪下稟告佛說：「世尊呵！請您把剛才微笑的因緣含意和來龍去脈說出來聽聽好嗎？」

佛告訴阿難說：「你看見剛才那個老女人，懷著信心，布施食物給佛的情形嗎？」

阿難答說：「看見了。」

佛說：「這個老女人因爲肯布施食物給佛，所以，在以後十五劫的悠悠歲月裡，她將會住在天上人間，享受福樂，不會墮入惡道裡。之後，她能夠出生做男人，出家學道，成爲辟支佛，進入無上的涅槃。」

說話間，佛的旁邊來了一位婆羅門，他站著說出一首詩偈：

「你就是太陽族人，出生王族，身爲淨飯國王的太子。

話雖如此，你收下布施的食物後，卻撒了一個大謊。用這樣發臭的食物布施，將來得到的果報，怎會有這樣美好呢？誰會相信？」

須臾，佛伸出寬大又很長的舌頭，覆蓋在臉上，讓它停在髮際間。接著，佛向婆羅門說：「如果你看過經書的話，誰若有這樣的舌頭，你想他會不會撒謊呢？」

婆羅門答說：「倘若有誰的舌頭能夠覆蓋著鼻子，他說的話準不會錯，也不可能撒謊。何況，舌頭居然能夠延長到髮際，那他絕對不可能撒謊騙人。所以，我心裡非常相信佛，一定不會撒謊。不過，僅憑一點兒布施，竟會得到這樣多果報，我實在難以理解。」

佛告訴婆羅門說：「到目前爲止，你曾經看見世間有什麼情形極爲罕見或少有的嗎？」

婆羅門答說：「有，我也看過了。以前的某日，我跟一羣婆羅門在路上走時，途中看見一棵尼拘盧陀樹，居然能蓋住商人的五百輛車隊。樹蔭簡直寬闊得沒有止境。這就是非常難得一見的稀有情狀了。」

佛說：「這顆樹的種子形狀和大小怎樣呢？」

婆羅門答說：「種子只有一粒芥子的三分之一大小。」

佛說：「到底誰會相信你說的情形呢？那顆樹這樣高大寬闊，相反地，種子却如此微不足道。」

婆羅門說：「的確如此。世尊呵！我絕對不會撒謊騙人，因爲我親眼看見實際的情形。」

佛說：「我的情況也是這樣。我能夠看見那個老女僕發起清淨的信心布施，才得到大果報，這種情景跟你說的一模一樣。樹因那個種子極微小，卻有極大的果報。因此可見，如來的果報多麼豐盈實在，卓越不凡，也不會沒有可能的。」婆羅門聽了心花怒放，完全明白，才五體投地，戰戰競競，悔恨自己的過失，也稟告佛說：「我的心地愚蠢，一無所有，剛才竟會不相信佛的話。」

接著，佛又給婆羅門解說各種法，婆羅門終於證得初果了。他立刻舉手，大聲說道：「諸位，甘露的門大開了。爲什麼大家還不快出來呀！」城裡的婆羅門紛紛把五百銀錢稅金繳給城主，之後，寧願歡迎和供養佛，大家異口同聲表示：「我們都得到甘露的滋味，誰也不痛惜那五百銀錢的稅金了。」

婆羅門全都離去了，那道限制命令也自然崩潰了。後來，城主和百姓一齊皈依佛法，信守奉行，城裡百姓全體獲得清淨的信心了。（卷八、《大正藏》一一五頁上、下段。）

梵天王

在燒完一劫那麼長的期間之後，一切都是空寂，什麼也沒有。生長在這裡的衆生，仰賴福德的因緣力量，風從十方吹來，彼此碰撞，互相接觸，才能穩住大水。水面上有一個人叫做韋紐，天生有一千個頭和兩千隻手腳。他的肚臍裡生出一千葉金色閃亮的寶蓮華。這光芒非常明亮，彷彿一萬個太陽同時照射一樣。花瓣上有一個人兩脚交叉，結跏趺坐。這個人也有無量的光明，名叫梵天王。梵天王心裡尋思，自己膝下有八個兒子，他們生下天、地和人民。這位梵天終於完全斷盡許多淫念和瞋恨了。於是，他開始表示：「誰若能修持禪的清淨行，斷盡一切淫欲的話，那麼，他就可以稱爲清淨之道，表示修持過梵道了。佛曾在大轉法輪時候説過。這也可叫做法輪，或梵輪。」這位梵天王坐在蓮華上面説話。（卷八、《大正藏》一一六頁上段）

四種地動

四種地動是：火動、龍動、金翅鳥動和天王動。

在廿八宿方面，月亮一個月會繞行一周。

如果月亮到了昴宿、張宿、氐宿、婁宿、室宿、胃宿等六種星宿間時，大地會馬上搖動，也會崩裂。這種動盪（上述四種的第一種）屬於火神。這時天不下雨，江河的水流會枯乾，這年的麥子收穫不豐盈，天子有凶險，大臣會遇到災難。

如果在柳宿、尾宿、箕宿、壁宿、奎宿和危宿等六種星宿間時，大地馬上會動搖，也會崩裂。這種動盪（上述四種的第二種）屬於龍神。這時天不下雨，江河的水流枯乾，這年的麥子收穫不豐盈，天子有凶險，大臣會遇到災難。

如果在參宿、鬼宿、星宿、軫宿、亢宿、翼宿等六種星宿間時，大地會動搖或崩壞。這種動盪（上述四種的第三種）屬於金翅鳥。這時天不下雨，江河的水流乾枯，這年的麥子收穫不豐盈，天子有凶險，大臣會蒙受災難。

如果在心宿、角宿、房宿、女宿、虛宿、井宿、畢宿、觜宿、斗宿等九種星宿之間，這時大地會動搖，也會崩壞。這種動盪（上述四種的第四種）屬於天帝。此時，國泰民安，雨量充沛，適於五穀種植。天子吉祥，大臣有福，許多百姓的生活會很舒適。（卷八、（《大正藏》一一七頁上段）

四種出生

在五道裡輪迴的，出生方法各不相同。那就是，許多天與地獄，全都屬於化生。餓鬼有兩種出生方式，即胎生與化生。在人道與畜生（以上為五道）方面，就有四種出生方式。即是卵生、濕生（從濕氣裡出生）、化生（突然出生）和胎生（從母胎出生）等四種。

所謂卵生，例如毗舍佉、彌伽羅的母親，生下三十二個兒子。毗舍佉的母親曾經產下三十二個卵。卵割裂後，生出三十二個男嬰，個個孔武有力。彌伽羅是其中年紀最大的兒子。他們的母親得到三道的果報。諸如此類叫做卵生。

濕生的，如拚羅婆剎國的妓女。好像頂生轉輪聖王的情況，叫做濕生。

化生是，如某次佛偕同四衆（在家和出家的男女衆）繞行時，在比丘尼羣裡，一位叫阿羅婆的比丘尼，突然從地底下化生出來。再者，在開始出現劫的時期，天下蒼生全都屬於化生。這種情況叫做化生。

胎生的，例如一般人出生的情狀。（卷八、《大正藏》一一八頁上段）

瘋狂

在南印度，有一位法師在座上，講述五戒（註）的意義。在大庭廣衆裡，正有一羣外道走來聽法了。不料，國王聽完法後，忍不住指責那位法師說：「倘若如你所說，給別人酒喝，自己也喝酒，結果，真會得到瘋狂或愚蠢等果報的話，那麼，世人當然不在話下，瘋子到處皆是，正常人一定很少。事實上，現在的瘋子很少，不瘋的人反而很多。爲什麼會這樣呢？請問什麼理由？」

話一問完，一羣外道立刻表示：「正是如此，這個指責正中要害。我想那個坐在高處的光頭，一定答不出來，因爲國王的智慧非比尋常。」

此時，只見法師突然用手指指著外道們，而且，談到另外的事情。這一來，國王馬上心裡明白了。外道們莫明其妙，反而告訴國王說：「因爲國王的指責正中他的要害，害得他回答不出來。因爲不知道，他才覺得難爲情，只會舉出手指，顧左右而言他。」

國王意外地告訴外道們說：「坐在高座上的那位法師，僅用手指指示，就把答案講完了。因爲在護衛你們（不多呵責），才不把話說出來。他用手指表示指著你們這羣人，正是說明這個意思——你們實在很瘋狂，而且瘋人數量真多。原因是，你們全身塗上灰，赤身裸體，不覺難爲情，無異人間髑髏，吃糞便，披頭散髮，躺在荊刺上，顛倒吊著；塞著鼻孔，冬天浸到水裡，夏天用火炙燒身體，你們呈現這些行爲，不合道理，全都是瘋狂的表現。」（卷八、《大正藏》一一九頁上段）

註：五戒是指不殺生戒，不偷盜戒、不邪淫戒、不妄語戒和不飲酒戒。上述是關於不飲酒戒的情狀。

兩兄弟

且說迦葉出世時代（釋迦文佛的前一代佛），有兄弟兩人。他們一齊出家求道，但是，其中一人守戒誦經，專心打坐，另一人卻在找尋布施的人，自己造了許多福業。

當釋迦文佛出世時，他們之中的一個人，出生到長者家裡；另一個人卻出生做一隻大白象，頗有力氣，有本事克服賊子。且說那位出生長者家庭的人，起初出家學道，後來，學會六種神通，證得阿羅漢果了。不料，他的福薄，縱使經常去行乞，也很難乞得食物。一天，他手上托鉢進城，到處求乞，始終乞不到食物。之後，他走到一條白象的小屋裡，目睹國王提供這頭白象許多東西，應有盡有，讓牠心滿意足，他忍不住告訴這頭白象說：「我和你都同樣有犯罪的錯誤。」

這頭白象聽了馬上起了良心上的責備，連著三天不吃東西。看守這頭白象的漢子心裡很害怕，立刻找尋門路，向那個人打聽，碰面後詢問對方：

「你到底念了什麼咒語，竟讓國王那條白象生病，幾天都不想吃東西了？」

對方答說：「老實告訴你，這頭白象是我上輩子的弟弟。我們同時在迦葉佛時代去出家學道。我個人專心守戒誦經，認真打坐，但卻不曾做過布施。而我弟弟只去找尋那些能夠廣行布施的人，多行布施，但他卻不曾守戒，也沒有鑽研學問。由於他上輩子不曾守戒，誦經和打坐，這輩子才會出生做一頭象。相反地，因爲我上輩子不曾大力布施，在飲食方面充份享受，應有盡有，心滿意足。由於我只知學道，不曾有過布施，現在雖然能夠得道，無如，到處行乞時，仍舊一無所得。」（卷八、《大正藏》一一九頁中、下段）

佛會醫病人

某年，佛住在舍婆提國的時候，有一位在家信徒，曾央求佛和教團的一羣出家人，能夠駕臨自己家裡吃飯。通常，佛會停在精舍裡接受飲食，係基於下面五種因緣。第一、正在打坐，要進入三昧的時候。第二、意欲爲諸天說法的時候。第三、意欲繞行觀察一羣比丘的房舍的時候。第四、要替一羣患病的比丘看病的時候。第五、倘若目前尚未制戒律，大力護持的時候，就得爲一羣比丘制訂戒律，讓他們護持。

此時，只見佛親自伸手開門，走進一羣比丘的禪房裡，居然看見一位比丘患病，誰也不去理會他，大小便在床上，不能起床或站立。佛走前去問他：「你怎會這樣痛苦呢？難道沒有人來看病嗎？」

那位患病的比丘答說：「尊者呵！我的個性怠惰，以前，別人患病時，我不曾照顧他。因此，現在得到的報應是，我即使病在床上叫苦，同樣地，別人也不來看我了。」

佛說：「善良的年輕人呵！既然這樣，現在由我來給你看病好了。」

此時，釋提婆那民把水倒在盆子裡，佛伸手撫摸病人的身體。說也奇怪，當病人身體被佛撫摸完畢，他的一切痛苦完全消除了。病況痊癒，身心安穩。接著，佛慢慢地扶起病人，走出禪房，替他把身體洗淨，幫他穿上衣服，然後，慢慢地回到房裡，再拿出坐墊，讓他坐下。此時，佛才向那位患病比丘說：「你很久不曾熱心修行。但是，我現在讓你得到以往無法得到的東西，讓你到達尚未到達的時候，讓你了解尚未完全了解的情形。你所以蒙受許多苦痛和煩惱，就像那種情狀。另外，你以後一定會遭受更大的苦難了。」

那位比丘聽了佛的話，心裡暗自尋思：「佛恩無量，神通廣大。只伸手在我的苦處撫摸一下，就使我的痛苦立刻消除，身心都感到無比的舒服。」

（卷八、《大正藏》一一九頁下段）

犍坻的故事

在祇桓這個地區的僕人裡，有一個漢子名叫犍坻。他是波斯匿王的一位哥哥的兒子。他長得一副端莊姿態，頗有勇氣，身體強健，個性善良，舉止溫和。國王的第一夫人看見他，心裡被他著迷，幾乎神魂顛倒，暗地裡叫他過來，要他聽從自己的擺佈。不料，犍坻不肯。夫人大怒，馬上向國王埋怨毫無憑據的壞話，指責犍坻的百般不對，同時加罪於他。國王一聽，馬上把犍坻的身體節節折斷，丟到墳墓間。可是，他的命尚未斷絕。當晚，有一羣虎狼和羅剎惡鬼跑來，準備要吞食他的身體了。

此時，剛巧佛來到這兒附近，正在用光明照耀他時，他的身體立刻恢復原狀，他的心裡非常歡喜。接著，佛給他說法，他當場得到三種道了。佛牽著他的手，準備去祇桓。犍坻說：「我的身體曾經破裂，被人丟棄了。蒙佛把我七零八碎的身體接合好，今後，直到我的身體壽命結束以前，我想將自己的身體布施給佛，和出家人的教團。」

次日，波斯匿王聽到上面的大概情形，立刻趕來祇桓，告訴犍坻說：「我向你懊悔自己的過失。雖然，你的確沒有罪，我不顧事實，反而用刑加害你。從今以後，我會把國土分一半給你，讓你來統治。」

犍坻說：「我已經厭憎世俗上的事情了，大王也沒有罪。由於我有宿世的災難、錯誤和罪業報應，才會遇到這種情形。現在，我想用身體布施給佛和教團，再也不回到俗世來了。」（卷八、《大正藏》一二〇頁上段）

佛的九種罪報

佛受過九種罪報。第一是，曾被一位單身女修行者——孫陀利，和五百名阿羅漢惡言惡語一番。第二是，一位名叫旃遮的女婆羅門，把木盆暗藏在身上，讓腹部隆起，表示自己懷孕，大罵佛和自己發生過關係。第三是，提婆達從山頂上推下岩石，意欲殺害佛，害佛的腳拇指受傷了。第四是，突然倒下的樹木刺傷了佛的腳。第五是，毗樓璃王出兵，殺死許多釋迦族的子孫。第六是，接受阿耆達多這位婆羅門的邀請，卻吃了馬吃的麥食。第七是，因為受到冷風吹襲，脊樑會發痛。第八是，苦行了六年。第九是，走到婆羅門的部落行乞時，一無所得，托著空鉢回來。還有在冬至前後八個晚上，寒風破竹吹來，陣陣價響，迫使佛要了三衣禦寒。而且，身上發高燒，迫使阿難站在佛的背後搖扇。(卷九、《大正藏》一二一頁下段)

佛爲方便接受罪報

阿泥盧豆只因把食物布施給一位辟支佛，就能享受到無量世的快樂，他只要心裡一想到飲料或食物，就能立刻如願以償地得到手。何況，佛世代都曾割下身上的肉，抽出髓汁來布施衆生，更應該獲得別人飲食的布施才對；結果，佛出外行乞時，卻一無所得，空著鉢走回來。其所以如此，無疑是佛爲了靠這個方便，來救度衆生，才故意事先飽嚐許多罪過。那麼，靠那種方便憐憫衆生呢？在未來世，有五種佛弟子會由於布施的福薄，縱使想盡辦法向大家行乞活命的東西，也始終得不到，反而遭到一羣在家人的指責：「你們既不能照顧自己的衣服飲食，一旦生病也不能解除病痛。這樣，你們怎能得道呢？怎能藉此幫助衆生呢？」

在這種情況下，五類佛弟子一定會這樣回答：「爲了養活身體；這種小事情眼前雖然不能解決，但行道會具備福德。今天，我們所以會蒙受許多苦惱，乃是上輩子的罪報。相反地，現在實踐的功德，將來必會出現利報無疑。甚至連我們的偉大導師——佛，走到婆羅門部落去行乞時，照樣乞不到食物，空鉢走回來。而且，佛也有不少疾病，當釋迦族的子孫被消滅時，佛在負荷重罪之下，自己也在頭痛。何況，像我們這羣福薄之輩，當然會有這些遭遇嘛。」

眾在家人聽了這些話，瞋恨心就消失了，馬上樂意拿出四種供養給比丘，他們自己則得到寧靜，打坐得道了。這叫做方便，所以，實際上不曾受罪。（卷九、《大正藏》一二二頁上段）

佛的病與牛奶

《毗摩羅詰經》有下面一段記述：

且說佛在毗耶離國時，吩咐阿難說：「我的身體好像感冒發燒的樣子。現在要喝牛奶了，你快拿我的缽去乞化些牛奶回來。」

阿難不敢怠慢，托起佛的缽，一大早起來，就朝毗耶國裡，來到一位在家居士的門前站著。

剛巧毗摩羅詰居士走過，發現阿難托缽站在門外。於是，他向阿難說：「你為什麼一大早托著缽站在這兒？」

阿難答說：「因為佛的身體不太舒服，一定要喝牛奶，我才來到這裡。」

毗摩羅詰說：「你別再說下去！千萬別說下去！阿難呵！你不要說如來的壞話。事實上，佛是一位世尊，早已超過一切不善的說詞。那麼，他怎麼可能會有生病這回事呢？你千萬別讓外道們聽見這樣難聽的話。倘若給他們聽見，他們一定會瞧不起佛，而且會說——佛自己還會生病，救不了自己，不知他有什麼能耐解救別人呢？」

阿難說：「我的想法不是這樣。眼前，我奉佛的命令，一定要喝牛奶，如此而已。」

毗摩羅詰說：「表面上，這是佛的吩咐，實際上，卻是一種方便。因爲目前是充滿五惡的世界，才要用這種姿態，救度天下衆生，讓他們都能解脫。倘若未來世裡，有許多比丘生病的話，他們會向在家居士央求各種湯藥。這樣一來，在家居士們會嘲笑：『你連自己的病都救不了，不知要怎樣解救其他衆生呢？』

那時候，比丘們會說：『連我們的偉大尊師都會患病，何況；我們的身體只不過像草芥一樣，怎麼不會生病呢？』在家居士們聽了，也許會給予比丘們許多湯藥，那麼，比丘才能安心打坐和行道。甚至連外道的仙人，也會用藥草和咒術，替他醫病。何況，如來具有一切智德，難道自己生病會不能醫治嗎？你只要暫時托著鉢不講話，收下牛奶就好了。希望別讓其他人，和學問非比尋常之輩聽到才好。」（卷九、《大正藏》一二一二頁上、中段）

諸天

第四禪（最高禪）有八種階段，五種是阿那含居住的地方，名叫淨居。三種是凡夫與聖人一齊居住的地方。通過這八種階段時，即是十住（完全）菩薩居住的地方，也叫做淨居，號稱大自在天王。

梵世天出生的地方有三種。一種是在梵衆天，是諸多小梵天出生的地方。第二種是在梵輔天，是尊貴梵天出生的地方。第三種是在大梵天，這是中間禪出生地方的名稱。

又，梵天接近慾望界……淨居天爲物質界的主宰。

至於他化自在天，則是指這個天侵佔其他天所化育的地方，從自得其樂的地方，取名他化身自在天。

化自樂是自行化爲五塵（註），因爲自得其樂，才叫做化自樂。

兜率名叫知足天（知道滿足的天）。

夜摩名叫善分天（善良部份的天）。

第二的世界即是物質界，名叫三十三天。

更下層的天是四天王的諸天。

須彌山的高度爲八萬四千由旬，上面有三十三天的城市。須彌山的旁邊有山峯，名叫由犍陀羅，高達四萬二千由旬。這座山有四個頂峯，在這些頂峯上都有城市，四天王分別居住在城裡。

夜摩天等諸天，係由七寶嵌飾的地方，在虛空中，有風吹，用這裡當做住處，甚至連淨居天等，都跟這個一樣。

像這些諸天，目睹佛的身體清淨，放出燦爛光明，連帶許多供養的道具，和水陸諸華都很淨美。在陸地生長的鮮花裡，要以須曼提爲第一，在水中生長的鮮花裡，要以青蓮花爲第一。還有生長在樹上的花，以及蔓上的花，這一大堆名花，五彩繽紛，顏色不同，芳香四溢。他們紛紛拿著天華來到佛的面前禮拜。因爲這些花的顏色鮮艷、香氣濃、又柔軟、細長平滑，所以用花當做道具來供養。（卷九、《大正藏》一二二頁下段——一二三上段）

註：五塵是指色、香、聲、味、觸等五種對象的別名。藉此污染真實，才有塵的名稱。

寶華佛、燃燈佛、寶積佛

寶華佛出生時，因爲在一切身體周圍，有各種花色光明，到處散發，才取名爲寶華太子。

然燈佛（燃燈佛）出生時，因爲一切身體周圍如燈火，才取名爲然燈太子。當他成佛時，就稱他爲然燈佛了。

寶積佛的情況也是一樣，當他出生時，已經生下各色各樣的寶物，有些從地面生出來，有些來自天上，如落雨一般，因爲聚集各種寶物，才取名爲寶積。（卷九、《大正藏》一二四頁中段）

佛的不可思議

阿難曾經專心地沈思：「過去諸佛，譬如寶華，和然燈等佛，全都出生在很好的世代，活得非常長壽，才能完全救度天下蒼生。目前，釋迦牟尼佛因爲生長在惡劣的世代，壽命不長，才不能救度芸芸衆生，難道事實不是這樣嗎？」阿難心裡不禁懷疑起來。

此時，佛立刻察覺阿難心裡的想法，太陽初昇時，佛迅速地進入日出的三昧裡。換句話說，這時候，佛身上的所有毛細孔裡放出許多光明，彷佛從太陽周圍放出許多光明一樣。這些光明遍照閻浮提，滿路都是光亮，照射四方天下，也使一路上都有光明，照耀三千世界，讓三千大千世界滿路光明，更照亮十方數不盡的無量世界。這時候，從世尊肚臍附近生出許多寶蓮華了。誠如以下偈語所說的情形。

青光的琉璃莖，一千片葉子呈黃金色。

金剛成了花台，琥珀成了花飾。

莖很柔軟，不會雜亂彎曲，高達十餘丈。呈純粹的青琉璃色，屹立在佛的肚臍裡。葉子寬長，呈白色光明，其間有妙色。用無量的寶物嵌飾，花朵上有一千枚花瓣。美妙花色如同上述，出自佛的肚臍裡。寶座在這四個花台上，輝煌似天上的太陽。各個座位上都坐著佛，彷佛金山一樣。

在山峯的四個頂端，光輝很畫一，如同一處。從四位佛的肚臍裡，紛紛出現美妙的寶花。在花朵上有寶座，寶座上各有一位佛坐著。再從這位佛的肚臍裡，捲著繞著，寶花開出來，許多花朵上都有座位，在各個寶座上都有佛。由此可見，佛—佛的肚臍—花—座位—佛，一直捲繞著，佛出來直到淨居天。

若想知道它的遠近，不妨借用下面的譬喻來說明。

且說有一塊巨大的四角石頭，不論縱橫的寬大，都好像一座大山。
從上往下走時，通行無阻，但也要費時一萬八千三百八十三年。
數一數這段歲月，才好不容易能夠到達地面。
在這兩者中間，充滿著化佛，
這股光明盛大熾烈，可以譬喻爲火，太陽或月光。
在諸佛裡，有一位佛的身上噴出水來，
又有一位佛的身上噴出火來
又有佛從打坐中起立繞行。
有一位佛暫時靜靜地坐著。
又有一位佛在行乞，
因爲這樣才給衆生帶來福德，
有一位佛在講經說法，
有一位佛一時放出光明。
有些到三惡世界（地獄、餓鬼、畜生）去。
有些到冰冷地獄、黑暗地獄、火熱地獄去。

靠著溫和穩定的大氣，來溶化寒冰，救度衆生，
靠著光明，來照耀黑暗地獄。
在炎熱的地方，施捨涼風，
依據每個地方的情況，予以不同的救度，解除他們的要害。
只想讓他們安心，消除他們的煩惱，
救度衆生，護持法樂。

由此可知，諸佛用各種方便，迅速地救度十方的無量衆生。之後，再返回原處，住在佛的肚臍裡。

此時，世尊從日出三昧裡起立，問阿難：「你看到三昧的神通力嗎？」

阿難稟告佛說：「弟子看到了。」

接著，阿難又稟告佛說：「如果佛能住世，只需花上一天時間，就能救度無數弟子，多得滿天皆是，何況，佛在這個世間已經八十多年，大概能救度數不清的弟子才對。」——（卷九、《大正藏》一二四頁中段——一二五頁上段）

沒有二佛

佛曾經說：「女人不能成爲轉輪聖王，也不能成爲天帝釋、魔天王、梵天王，更不能成佛。轉輪聖王是不能在同一個地方由兩個人統治。那位具有十力的世尊是獨一無二，在同一個時代沒有兩位佛存在。」

佛又說：「佛的話不是空洞的，世上沒有兩佛存在。即使只有一法，也很難相碰。這位佛就是世尊。在數不盡的無量億劫之間，只有時機湊巧，一次而已。在九十一劫之中，三劫有佛。遠比現在的好時代更早以前的九十一劫開始，就有了佛，名叫鞞婆尸。在第三十一劫中有兩位佛，第一位名叫尸棄，第二名叫鞞恕婆附。在現在的好時代，有四位佛。第一位名叫迦羅鳩飧陀，第二名叫迦那伽牟尼，第三位名叫迦葉，第四位叫做釋迦牟尼。除了以上幾位，其他時代都沒有佛存在，由此看來，應該珍惜才好。」（卷九、《大正藏》一二五頁上段）

看見佛

舍衛城裡，竟有九億戶人家。其中，有三億戶人家親眼看見過佛。有三億家庭的人，雖然聽過佛的事情，但不曾見過。佛住在舍衛國的時間，長達廿五年。然而，衆生既聽不到，也看不見，何況是遠地方的衆生，一定有更多既聽不到，也看不見佛了。（卷九、《大正藏》一二五頁下段）

佛難逢

佛偕同阿難進入舍衛城行乞了。此時，目睹一位貧困的老母，站在路邊。阿難稟告佛說：「這個人值得憐憫，佛非救她不可。」

佛告訴阿難說：「佛跟這個人没有緣。」

阿難說：「佛走過去靠近她，她若看見佛的卓越姿態和光明，大概會起歡喜心，藉此產生因緣才對。」

果然，佛走去靠近她時，她卻轉過身體，背向佛了。不論佛走近四個方向的那一邊，她又馬上轉身過來背著佛。從下方抬頭仰視時，她就往上看了。當佛從上方走來時，她又低頭朝下了，佛從地下出來時，她就用雙手遮眼，不論如何也不想看見佛。佛告訴阿難說：「除此以外，還能製造什麼因緣呢？」

上述那個人没有被救的因緣，才不能看到佛。從這個現象裡，佛開始解釋：「要碰見佛很難，就像優曇波羅樹開花一樣。再譬一個喻說，也像雨水一樣，雖然雨水很多，到處都很容易取得到，可是，餓鬼的喉嚨卻常常渴得發乾，始終得不到水喝。」（卷九、《大正藏》一二五頁下段）

三世諸佛

在《長阿含經》裡記載說：

且說一個鬼神之王，鎮守北方。一次，他跟千百萬個鬼神，在夜裡來到佛的地方，頭臉朝向佛的腳禮拜以後，站在一邊，放出清淨的光明，照遍祇桓，萬物都現出光明了。接著，雙手合十，讚嘆佛，再說出下面兩偈：

「大精進者呵！我要皈依你了。佛在人間最崇高、最尊貴。佛能用智慧的眼睛，洞悉一切。甚至連諸天，都不能理解佛的智慧。」

「過去未來和現在諸佛，我要對他們低頭禮拜。因此，我現在皈依佛，無異也恭敬三世的世尊一樣。」

由此可知，在這首偈語裡，出現「十方佛」（偈中有「三世佛」，但無「十方佛」）一語。鬼神之王向三世的佛低頭禮拜，之後，另外又皈依釋迦牟尼佛了。（卷九、《大正藏》一二六頁上段）

佛的遊歷

釋迦牟尼佛出生在閻浮提的迦毗羅國，常常遊歷東印度六個大城市。有時，佛飛到南印度一位名叫億耳的居士家裏，接受供養。有時，佛在瞬息間，來到北印度的月氏國，招降阿波羅羅龍王。又有時，佛到月氏國西部，招降女羅刹鬼。佛在那個石窟裡住一晚，如今佛的影子還在。有人進入石窟探視，結果，什麼也沒看見，但一走出石窟遠觀，則可見光明的影像如佛。

有一次，佛轉眼間飛到罽賓的隸跋陀仙人那座山頂上，停在他的室內，招降了那位仙人。

仙人說：「我樂意住在這個地方，我想要向佛央求能不能賜給我一些佛的頭髮和指甲？我要建塔供養。」

目前，這座塔還一直保存著。（卷九、《大正藏》一二六頁中段）

遍吉菩薩的功德

在大月氏西方的某國，保存佛的肉髻，根據這個例子看來，在佛教擴展的地方，有人患了傳染病——癩病，一天，病人來到遍吉菩薩（即普賢菩薩）像的地點，誠心皈依，心裡念唱遍吉菩薩的功德，希望能夠除掉自己的病。

此時，遍吉菩薩像立刻用右手充滿寶物的光明，撫摸病人的身體，說也奇怪，對方的病痛馬上被醫好了。（卷九、《大正藏》一二六頁下段）

《法華經》的功德

一位比丘在某國一座密林裡的樹下修行，認真研究摩訶衍（大乘經典）。該國的國王經常頭顱著地，頭髮散著，便於那位比丘從他的頭髮上踏過去。另有一位比丘私下告訴國王說：「他的年紀大，倒不曾讀過多少經典，您何必給他那麼大的供養呢？」

國王說：「某天夜裡，我忽然想見那位比丘，就很快到了他居住的地方，看見他正在一個好像洞穴的所在，閱讀《法華經》。當時，我目睹一個人滿身金光，騎一條白象，雙手合十，正在供養那位比丘。當我慢慢走進去時，馬上失去蹤影。於是，我向那位比丘打聽：『尊者呵！那位滿身金光的人，看見我來才失蹤嗎？』比丘說：『那位正是遍吉菩薩。』」接著，遍吉菩薩自己發言：『若有人誦讀《法華經》，我一定會騎白象來到他的身邊教導他。』因此，我誦讀《法華經》時，遍吉菩薩才親自前來。」（卷九、《大正藏》一二六頁下段——一二七頁上段）

《阿彌陀經》與《摩訶般若波羅蜜經》的功德

且說一位比丘正在某國，誦讀《阿彌陀佛經》，以及《摩訶般若波羅蜜經》。當這位比丘要死的時候，告訴自己的弟子說：「阿彌陀佛正要偕同一羣弟子來啦！」

那位比丘說完話，即刻動身返回自己的地方，不久，一命歸陰了。他死後，弟子把他的屍體放在柴薪上面，放火燒掉了。次日，弟子往灰燼裡一瞧，發現舌頭不曾燒掉。由此可見，他因爲誦讀《阿彌陀經》，所以才會看到阿彌陀佛前來，也因爲他誦讀《般若波羅蜜經》，舌頭才沒被燒掉。

以上的例證，全都能在現實裡找得到。（卷九、《大正藏》一二七頁上段）

佛的身密與語密

《密迹金剛經》有一段記述如下：

佛有三密（三種神秘），即是身密（肉體的秘密）、語密（言語的秘密），和意密（內心的秘密）。關於這些方面，一切諸天和衆生既理解不出來，也根本不懂得。

有一次，一羣衆生正在眺望佛的身體時，有人看見佛的全身黃金色、白銀色或許多寶物聚集的色彩，又有人看到佛身居然高達一丈六尺。甚至有人看見佛的身量高大一里、十里、百千萬億里，甚至無邊無量，遍佈虛空中。諸如這種情狀叫做身密。

所謂語密是，有人遠在一里外也聽得見佛的聲音，有人甚至遠在十里、百千萬億里，或無邊無量里以外也聽得見佛的聲音遍佈空間。有時聽見佛聲在某個聚會裡，有人聽見佛的聲音在講布施，有人聽見佛在說持戒，又有人聽見佛在宏揚忍耐、精進、禪定、和智慧。這樣一來，佛在講解各種法義，也就是十二部經和八萬種法的總匯。這些都是個人心裡聽到時所產生的東西，這叫做語密。

有一次，目連心裡暗忖：「我想知道佛聲所到達的距離。」一想到此，他立刻運足神通力，到了千百億那樣遙遠的佛世界，正在休息時，也聽見佛的聲音，就好像在附近一樣。在目連休息的這個世界上，有佛與大衆正要一齊用飯。目連發現這裡的衆生都是高頭大馬，目連只能站在他們的鉢的邊緣。這個世界的佛弟子，忍不住問佛說：「這個人的頭只有微蟲那樣大小，不知他從何處來，意往何處去？而且，他還穿著出家人的衣服行走哩！」

佛答說：「你們可別輕蔑這個人，他經過東方遠不可測的佛土，那裡有一位釋迦牟尼佛在世，這個人是釋迦牟尼佛的神足弟子。」

這位佛問目度伽略子（目連）：「你爲什麼來到這裡呢？」目連答說：「我爲了想追究佛聲的到達距離，才特地來到這裡。」

這位佛告訴目連：「縱使你有意追究佛聲的距離，經過億劫那樣無法計量的距離，也不可能知道界限在那裡。」（卷十、《大正藏》一二七頁下段——一二八頁上段）

出生淨居天的由來

一位名叫手的居士從淨居天來，想拜見佛。然而，他的身體纖細衰弱，好像一根瘦弱的紫蘇草，在地上站不起來。佛告訴手居士說：「你要改造一下這副瘦弱的身體，據實觀察地面上的情狀。」

手居士果然聽從佛的吩咐，改正一下自己瘦弱的身軀，內心裡據實觀察地上的情形。然後向佛禮拜，站在一邊。佛向手居士說：「你到底不厭不倦地做過那些事情，才能出生到淨居天呢？」

手居士答說：「我曾經不厭不倦地做過三件事，才能出生淨居天。即是：第一，不厭倦地瞻仰和供養諸佛。第二，常常不厭倦地聽聞佛法。第三，不厭倦地送些衣食給僧團。適逢佛駕臨閻浮提時，一羣出家和在家的男女四衆，經常跟隨佛，好像聽法問法一樣，我住在淨居天也是這樣，大家常常跟隨我聽法、問法。」（卷十、《大正藏》一二八頁上段）

佛的三昧

《諸佛要集經》有一段記述如下：

雖然，文殊尸利（文殊師利）很想去見佛的聚會，無奈，他不能如願，沒有準時趕到。之後，諸佛各自返回原處了。當文殊尸利來到諸佛聚會的地點一看，有一個女人在一位佛的座位旁邊，進入三昧裡。文殊尸利走前來，向佛禮拜以後，稟告佛說：「爲什麼那個女人能到佛的座位旁邊，我就不能夠呢？」

佛告訴文殊尸利說：「你不妨讓她從三昧裡醒來，待她清醒後，你自己當面問她好了。」

文殊尸利來到她的身邊，用手指觸擊她，無奈，她一直醒不來。文殊尸利又大聲呼叫她，她照樣不醒。他伸手拉著她，仍然沒有醒來。文殊尸利開始用神通，動搖一切世界，結果，她照樣沒有從三昧裡醒過來。文殊尸利只好稟告佛說：「世尊呵！我始終無法讓她清醒過來。」

此時，佛放出大光明，照射到下方的世界時，其中有一位菩薩在場，名叫棄諸蓋菩薩。這位菩薩立刻離開下方世界，來到佛前向佛禮拜，再站在一邊。佛吩咐棄諸蓋菩薩說：「你去把這個女人叫醒吧！」

菩薩走去用手指一觸，她就從三昧中起立了。文殊尸利稟告佛說：「到底什麼理由，我搖動一切世界都叫不醒這個女人，眼見棄諸蓋菩薩只用手指輕輕一觸，她卻馬上能夠從三昧裡醒過來呢？」

佛告訴文殊尸利說：「你因爲這個女人，才發起無上的正覺心，反之，她也因爲棄諸蓋菩薩，才發起無上的正覺心。基於這個理由，你無法讓她覺醒。在諸佛的三昧裡，你的功德還不夠。反之，棄諸蓋菩薩雖然在三昧裡得到自在，但他只在佛的三昧裡深入些而已，也還不曾得到自在。」（卷十、《大正藏》一二八頁中、下段）

國家圖書館出版品預行編目資料

甘露清淨：《大智度論》的故事. 1／鳩摩羅什 原典漢譯；芳川 語譯修訂. -- 1 版. -- 新北市：華夏出版有限公司, 2023.04
面； 公分. --（Sunny 文庫；136）
ISBN 978-986-5541-74-3（平裝）
1.大乘釋經論

222.21 110005433

Sunny 文庫 136
甘露清淨：《大智度論》的故事 1

原典漢譯 鳩摩羅什
語譯修訂 芳川
印　　刷 百通科技股份有限公司
電話：02-86926066 傳真：02-86926016
出　　版 華夏出版有限公司
220 新北市板橋區縣民大道 3 段 93 巷 30 弄 25 號 1 樓
電話：02-32343788 傳真：02-22234544
E-mail pftwsdom@ms7.hinet.net
總 經 銷 貿騰發賣股份有限公司
新北市 235 中和區立德街 136 號 6 樓
電話：02-82275988 傳真：02-82275989
網址：www.namode.com
版　　次 2023 年 4 月 1 版
特　　價 新台幣 300 元（缺頁或破損的書，請寄回更換）

ISBN：978-986-5541-74-3